Das Leben im Wieslauftal
1932 – 1952

Willy Oesterle

Herstellung und Verlag:
Books on Demand GmbH, Norderstedt
ISBN 978-3-8391-1618-0

Willy Oesterle

Das Leben im Wieslauftal 1932 – 1952

Das Leben im Dorf vor, während und nach dem Zweiten Weltkrieg.

Widmung:
Für meine Enkel
Lisa-Maria, Max, Henrik, Hagen, Louis, Ravan, Falk, Bolko

Impressum
© 2009 Willy Oesterle
Vielen Dank an meine Korrektoren
Druckvorstufe: Eberhard Kircher, Beilstein

Rudersberg-Oberndorf
Juli 2009

Inhalt

Vorwort

Hier erzähle ich das Leben im Wieslauftal ab meiner Geburt von 1932 bis 1952 wie ich es erlebt habe. Es waren magere Jahre. Deutschland hatte sich noch nicht vom ersten Weltkrieg erholt. Die Reparationszahlungen belasteten noch das ganze Volk. Dann die NSDAP (Nationalsozialistische Deutsche Arbeiterpartei) Adolf Hitler und seine Getreuen. Diese hatten den Größenwahn, wollten ganz Europa beherrschen und fingen den Zweiten Weltkrieg an.

Es waren Jahre, die von Einfachheit geprägt waren. Ich will es festhalten, weitergeben, weil man die fünfzig Jahre jetzt nach dem Zweiten Weltkrieg als die fetten Jahre bezeichnen kann. Es sollen meine Kinder, Enkel und alle jungen Menschen zur Kenntnis nehmen, dass es in unserem Land, vor gar nicht langer Zeit, das Leben ganz anders gewesen ist.

Den Anstoß gab mir im Urlaub eine Gruppe interessanter Menschen, die mir aufmerksam zugehört hatten. Eine der Frauen hatte aufgefordert, jeder soll eine Geschichte aus seinem Leben erzählen. Das Ganze, um die nette, freundschaftliche Atmosphäre zu festigen. Andere hatten schon etwas zum Besten gegeben. So war ich an der Reihe und ich überlegte, was kann ich erzählen? – Und ich erzählte von dieser meiner Jugendzeit.

Das Leben in meiner Kinderzeit vor dem Zweiten Weltkrieg, meine Jugendzeit während dem Zweiten Weltkrieg und danach, war so total anders, dass man es fast nicht glauben kann. Es ist Welten entfernt von dem, wie wir es heute alle gewöhnt sind oder leben dürfen.

Ich will auf die zwei Welten hinweisen, die es seit meiner Geburt auf dieser Erde gibt. Da sagt ein Ausspruch meiner Mutter eigentlich alles. Als die ersten Zeppeline und Flugzeuge am Himmel flogen, sagte sie: „Wo will au dees no na? Jetzt flieget se schau em Heeml rom!" Auf deutsch: „Wo will auch das noch hin? Jetzt fliegen sie schon im Himmel herum!"

Man kann es fast vergleichen mit dem Leben in der sogenannten dritten Welt. Wenn wir im Fernsehen Aufnahmen sehen wie die Menschen dort heute noch leben, dann waren wir damals gar nicht weit entfernt davon.

Die Welt, die Gesellschaft, die Technik, hat sich seit 1932 sehr gravierend gewandelt. Vom einfachen Alltag meiner Eltern, die mit Kuhfuhrwerk, Hacke, Sense, Rechen die Nahrung selbst erzeugten, verdienen mussten und wir setzen uns heute in den Flieger um Urlaub zu machen. Ganz zu schweigen vom Wandel durch die Elektrizität, die Elektronik, das Kraftfahrzeug, Fernsehen, Handy und Computer, mit dem auch ich diese Zeilen schreibe. Da war meine dynamische Jugendzeit nur eine Zwischenstation in dieser sich mit Riesenschritten fortbewegenden Welt.

Liebe(r) Leser(in), dieses Heftchen ist der erste Teil von meinen Memoiren „Welschkornbrei & Quittenschnitz." Ein prominenter Leser von diesem Buch hat mir geraten den ersten Teil in einem extra kleinen Büchle anzubieten. – Hier ist es. –

Willy Oesterle

Burg Waldenstein im Wieslauftal
von Erich Horneff

Das Leben im Wieslauftal

1932 – 1952

Meine Heimat, das Wieslauftal,
liegt nordöstlich von Stuttgart am Rande vom Welzheimer Wald-
Schwäbischer Wald. Das Tal selbst, zweihundertfünfzig Meter
über Null. Landschaftlich gesehen ist es ein kleiner Schwarzwald.
Die Gegend ist wie fast überall im Schwabenland buckelig und
bergig, das Klima aber immerhin noch so warm, dass an den
Südhängen bis circa 1900 Weinbau betrieben wurde. Durch eine
Krankheit, die man damals noch nicht bekämpfen konnte,
mussten alle Weinberge gerodet werden. Es muss ein trockener,
herber Wein gewesen sein. Man kann sagen, dass es klimatisch
gesehen, die Obergrenze für den Weinbau ist. Dieses Klima
gestattet es aber, dass an den Südhängen heute Äpfel, Kirschen,
Zwetschgen, Mirabellen, Pflaumen, Quitten, ja sogar Pfirsiche mit
einem hervorragenden Aroma gedeihen.

Die Menschen lebten hier früher nur von dem, was ihnen der
Grund und Boden gab. Auf diesem Bergauf, Bergab als kleiner
Bauer die Nahrung, den Lebensunterhalt für eine Familie zu
erwirtschaften, das war wahrhaftig eine gewaltige Schinderei und
ein Kampf jeden Tag für das tägliche Brot. Wenn es ein schlechtes
Jahr war mit zu viel Regen, dann war der Schmalhans, sprich
Hunger, ein täglicher Begleiter. Das war auch der Grund, warum
sehr viele Menschen im achtzehnten und neunzehnten Jahrhundert
nach Amerika ausgewandert sind.

Die Wieslauf.

Der kleine Bach entspringt dem Ebni-See. Dieser ist heute für die Menschen aus dem Großraum Stuttgart ein Naherholungs- und Wochenendidyll. Der Ebnisee liegt zehn Kilometer von meinem Geburtsort entfernt, mitten im Wald. Wie überhaupt die ganzen Berge und Hänge mit Wald überzogen sind. Er ist heute bewirtschaftet, das heißt, alles ist so gepflanzt, wie die Menschen damals dachten, dass er für sie das richtige Nutzholz liefern könnte. Nachdem aber vom Pflanzen bis zum Fällen von Tannen hundert Jahre, für Eichen bis zu dreihundert Jahre vergehen, ist es durchaus gegeben, dass heute, in unserer schnell sich wandelnden Zeit, von der jeweiligen Generation das Falsche angepflanzt wurde.

Die Wieslauf fließt in die Rems, die Rems fließt in den Neckar, der Neckar in den Rhein und der Rhein in Holland in die Nordsee. Nun, der Ebnisee diente früher zum Holz flößen. War genügend geeignetes Holz bereitgestellt, dann wurden die Schleusen geöffnet und das Holz schwamm bergab bis zum nächsten Abfuhrweg. Straßen wie heute gab es ja damals noch keine. Der See diente aber auch als Regenrückhaltebecken, er ist also künstlich durch einen Damm entstanden.

Meine Kindheit.

In diese idyllische Landschaft wurde ich an einem Sonntag am elften September 1932 hineinge-boren. Mein Sternzeichen ist Jungfrau. Morgens, kurz bevor es hell wird, steht um diese Jahreszeit schon der Orion am Sternenhimmel. Es beginnt sich der Winter-sternenhimmel zu formieren.

In meiner Kindheit hatte auch noch ein Storch auf dem Kirchendach seine Jungen großgezogen, da ging der Bach noch in Mäandern durchs Tal. Es gab Feucht- und Sumpfwiesen, in denen die Nahrung für den Storch und seine Jungen lebte. Die Sumpfwiesen waren im Winter zugefroren und wir Kinder konnten darauf Schlittschuh laufen. Damals wurden sogar der Bahndamm und die Straßenränder von Hand mit der Sense abgemäht, weil den Kleinbauern das Gras auf ihren Wiesen nicht reichte. Es musste aber vorher eine Genehmigung bei der Bahn oder beim Rathaus eingeholt werden. Die Feldwege waren sehr schlecht, die Straßen nur geschottert und vom Regen stark ausgeschwemmt. Es bildeten sich Hohlgassen.

So benötigte man, um vom Jux, dem fünfhundert Meter hohen Hausberg, einen vollen Wagen mit Korn oder Kartoffeln heil herunter zu bekommen, einen Gleitschuh unter den hinteren Wagenrädern, so dass der Wagen nur rutschte wie ein Schlitten und sich dadurch selber abbremste. Der Hausberg Jux, das muß man wissen, besteht aus Sandboden, wie fast alle Höhen im Welzheimer Wald. Deswegen spricht man dort auch vom Sand-land. Vor 1,6 Millionen Jahren war hier Meer, so dass damals Adam und Eva hier am Strand liegen konnten. Dieser Boden ist durch den Sand sehr locker, bei entsprechender Düngung erstklassig für Kartoffeln. Jeder Mensch, der diese Qualität kannte, kaufte nur Jux-Äbira = Krombira = Kartoffeln. Aus diesem Grund ist auch die Rettichkreuzung entstanden.

EINE ZWISCHENGESCHICHTE:

Die Rettichkreuzung.

Die Vorteile des Sandbodens hatte auch ein Gärtner, der dem sozialistischen Staat nach dem zweiten Weltkrieg ausgewichen war, einmal spitz bekommen. Er erzählte mir, wie sich das zugetragen hatte. Ihm hatte ein Einwohner aus einem Ort auf der Höhe seine Rettiche gezeigt und gesagt: „Guck, wenn du deine Rettich, anstatt im Tal, hier auf den Bergen anbaust, bekommst du solche Riesen, vierzig bis fünfzig Zentimeter lang." Der Gärtner ließ sich das nicht zweimal sagen und pachtete sich oben auf den Höhen Äcker. Die Wasserversorgung war aber ein Problem. Er hatte jedoch das Glück, dass bald darauf ein kleiner Ort daneben an das Wassernetz angeschlossen wurde und er davon auch versorgt werden konnte. Als diese Riesen von Rettichen dann gewachsen waren, stellte er an die Landstraße einen Tisch und verkaufte dort seine Rettich-Riesen. Weil direkt daneben eine Straßenkreuzung war, bekam diese Landstraßenkreuzung ihren Namen „Rettichkreuzung." Heute ist sie ein Kreisverkehr, hat aber im Volksmund landauf und landab ihren festen Namen „Rettichkreuzung".

Das Dorfleben.

Ein echtes kleinbäuerliches Leben. Vor jedem Haus eine Miste. Von unserem Haus aus, wenn man nach links und rechts schaute, konnte man elf Misthaufen vor den Häusern zählen. Dazwischen war noch der Metzger, der Wagner, die Schlosser- und Fahrradwerkstatt, am Ende der Sattler. Auch jeder Handwerker hatte seine Kühe im Stall und den Misthaufen vor dem Haus. Nur von seinem Handwerk konnte er nicht leben. Der Metzger hatte seinen Kuhstall hinten im Garten. Entlang der Dorfstraße gab es noch viel Grün, viele Bäume standen noch vor den Häusern. Große Kastanienbäume, Lindenbäume, Birnen- und Zwetschgenbäume.

1973 Dorfmitte in Oberndorf.
Aufgenommen bevor die Straße und Kanalisation erneuert wurde.

14

Vor vielen Häusern war noch ein kleines Gärtchen für Küchenkräuter und Blumen. Jeden Tag fuhr morgens und abends der Milcher (Milchabholer) durch das Dorf und sammelte vor jedem Bauernhaus die Milchkannen ein. Das war Milch, die die Bauern übrig hatten und an die Molkerei abgaben. Für viele war das die einzige Einnahmequelle.

Im Dorf gab es ein Milchhäusle. In dieses brachte der Milcher auf seiner Rückfahrt die Milch, nachdem sie kontrolliert und zum Teil entrahmt worden war, für die Familien, die selbst keine Kühe besaßen und diese Milch kaufen mussten. Das Milchhäusle war aus diesem Grund jeden Tag der Treffpunkt für viele Menschen. Dort fanden Gespräche statt und das Neueste vom Tage wurde ausgetauscht.

In den Kriegsjahren.

Von 1939 bis 1945 war von jedem Haus ein Mann als Soldat im Krieg. Viele mussten ihr Leben lassen, so dass sehr viel Trauer und Angst bei allen Menschen war. Diese Angst führte die Menschen zusammen. Meine Eltern hatten damals den ersten Weltkrieg noch nicht vergessen. Nun, in den Sommermonaten am Sonntagabend, kam sehr oft eine größere Menschenmenge bei dem Milchhäusle zusammen. Die Leute saßen auf Bänken aus Stein, die vor den Häusern standen, oder auf einem Holzstapel. Manchmal hatten sie eine Sitzgelegenheit mitgebracht, oder sie standen in Gruppen nur so herum. Die Kinder spielten auf der Straße. Autos gab es keine. Ein Idyll wie man es heute nur erträumen kann. Heute ist ständig Autoverkehr und die Leute sitzen zu Hause vor dem Fernseher.

Im Laufe des Abends (natürlich nur im Sommer) kam dann die Stimmung oft so weit, dass jemand anfing zu singen, und nach kurzer Zeit sangen alle mit. Die meisten waren ohnehin im Gesangverein und so erklangen die Lieder sehr oft auch vierstimmig. Es war ein Konzert auf offener Straße mit schönen alten Volkslieder wie z.B.: „En`s Wiesatal gang i jetzt na . . .", oder „Die Rosen blühten als ich schied . . ." Einmal war auch ein Soldat dabei, der eine Gesangsausbildung und eine sehr schöne Stimme hatte. Er wurde gebeten, doch auch ein Lied zu singen und er sang: „Alle Tage ist kein Sonntag, alle Tage gibt`s kein Wein, aber du sollst alle Tage recht lieb zu mir sein . . ." Alle hörten still und andächtig zu. Solche Momente gingen auch mir als Kind mit zehn Jahren in die Seele ein. Es waren melancholische, fast traurige Lieder.

Als Kind im Schulalter der Unterklasse dieses zu erleben, war ein großes Ereignis. Man stand da und staunte, man spürte die Verbundenheit der Menschen. Beim Singen öffneten sich die Seelen der Menschen, und sehr viele fingen an zu weinen. Anderen wiederum sprühte die Freude aus den Augen. Es war eine Verbundenheit zu spüren, eine Gemeinschaft, die vielen die Kraft für den Alltag, für das weitere Leben gab. Dieser unsinnige Krieg, bei dem niemand sicher war, wann bei ihm die Nachricht kam, dass der Vater oder der Sohn, „für Führer, Volk und Vaterland", gefallen war. Diesen Satz sagte der Pfarrer am Sonntag, nach Bekanntgabe des Toten, von der Kanzel. Ein Wahnsinn, wenn man bedenkt, dass eben dieser Zweite Weltkrieg circa sechzig Millionen Menschen das Leben gekostet hat. Am Ende des Krieges fehlte im Dorf von jedem Haus ein Mann, entweder der Vater oder der Sohn. Viele waren vermisst und fast mit hundertprozentiger Sicherheit konnte gesagt werden, dass diese Vermissten nicht mehr nach Hause kamen.

Vereine.
Im Dorf gab es den **Gesangverein und den Turnverein.** In diesen Vereinen spielte sich das ganze gesellschaftliche Dorfleben ab. War doch der Gesangverein ein Männerchor von fünfzig Aktiven. Der Turnverein war ebenso aktiv, die hatten sich eine alte, ausgediente Halle der Zigarrenfabrik im Nachbarort gekauft und oberhalb des Dorfes auf einem für die Landwirtschaft schlechten Boden aufgestellt. Das Grundstück gehörte der Gemeinde. Es gab da ein Foto, auf dem einer der besten Turner, Otto Klotz, nach der Fertigstellung auf dem Firstgiebel einen Handstand machte.

An Ostern wurde immer das Eierfest gefeiert. Dazu waren auf einer Wiese im Tal rohe Eier, die von dem ganzen Dorf gespendet waren, in einer Reihe ausgelegt. Drum herum waren Seile gespannt, damit die Zuschauer Abstand hielten. Auf das

Kommando „Fertig, los", musste ein Mann ganz in Weiß gekleidet, mit einer Schärpe um die Schulter, in den nächsten Ort nach Klaffenbach zwei Kilometer weit laufen und dort in einer Gaststätte etwas abholen. Eine zweite Gruppe musste in der Zeit die ausgelegten Eier einsammeln. Bei diesem Einsammeln hatten die Menschen einen großen Spaß. Man stibitzte ein Ei aus der Reihe und warf es den Einsammlern oder dem Bajas, dem Clown bei dem Fest, an den Körper. Da es lauter rohe Eier waren, kann man sich die Auswirkung selbst vorstellen.

An Pfingsten gab es den **Pfingstlümmel.** Dazu wurde ein Mann mit dem ersten grünen Laub von Buchen- oder Eichenästen so dick eingewickelt, dass man ihn nicht mehr erkennen konnte. In dieser Aufmachung ging er durch den Ort, verfolgt von einer riesigen Kinderschar.

Im Winter kam der **Schneepflug,** der von mindestens zwei schweren Belgier-Pferden des Sägemüllers gezogen wurde. Die Pferde hatten mehrere Glocken um den Hals hängen, diese hörte man schon von sehr weit weg, genauso wie in den Winter-sportorten, wenn die Gäste auf Schlitten spazieren gefahren werden. Wenn dieser Dreieck-Schlitten auf der Straße Bahn machte, dann hatte kein anderes Fahrzeug mehr Platz. Durfte man auf diesen Schlitten mit draufstehen, war das eine große Attraktion für uns Kinder.

Ich als kleiner Junge.

In der Geburtsurkunde auf dem Rathaus steht, „Gustav Willy." Den ersten Namen hat aber noch nie jemand zu mir gesagt. Ich wusste es gar nicht, dass ich zwei Namen hatte. Dies habe ich erst erfahren, als ich für die Heiratsurkunde auf das Standesamt musste. Geboren wurde ich in einem Jahr der wirtschaftlichen Rezession, in der bis kurz vorher das Geld in Millionen und Billionen ausgegeben wurde und in der Zeit, in der das Hitlersystem, die Nazis ihren Aufwind bekamen. Im Jahr darauf war die Machtergreifung der NSDAP (Nationalsozialistische Deutsche Arbeiter Partei.) Ich wurde größtenteils von meinen älteren Geschwistern aufgezogen, war ich doch ein Nachzügler. Bei meiner Geburt war meine Mutter vierundvierzig, mein Vater fünfundfünfzig Jahre alt. Heute würde man eine Fruchtwasseruntersuchung machen lassen, bevor das Kind geboren wird. Bei meiner Geburt war meine Schwester Luise, aus der ersten Ehe meiner Mutter, schon vierzehn Jahre alt. Der Vater von Luise war wegen einer Lungenentzündung gestorben. Mein Bruder Karl war acht Jahre, meine Schwester Martha sechs Jahre alt.

Mein Vater arbeitete, bevor er meine Mutter heiratete, als Pferdeknecht bei der größten Gastwirtschaft mit Gästezimmern, dem „Rößle". Diese hatten damals noch Feriengäste aus Stuttgart. Da war es im Sommer öfters so, dass mein Vater morgens noch bei Dunkelheit mit der Pferdekutsche nach Stuttgart fahren musste, um diese Sommer-Feriengäste dort abzuholen. Hin und zurück benötigte er den ganzen Tag für diese circa siebzig Kilometer.

Das Leben meiner Mutter war sehr hart, wenn man bedenkt, dass jeden Tag morgens im Stall die Kühe gemolken werden mussten, vorher aber noch das Futter geschnitten und der Stall ausgemistet wurde. Der Stall war so klein, dass die Kühe, wenn sie ganz nach hinten gingen und dazu noch Dünnpfiff hatten, ihren Kuhdreck an die Wand spritzten. Die Wände des Kuhstalls waren alle dunkel, teils vom Dreck und teils von den Spinnweben. Es war ja auch ein uraltes Haus. Die Balken an der Decke, dreißig mal dreißig Zentimeter, waren außen morsch. Das war ja auch kein Wunder. Durch den Dampf, der durch die Ausdünstung der Kühe entstand, war immer eine feuchte Luft in diesem Raum. Als Jüngling prüfte ich mal die Balken mit einem Messer, kam aber nur circa drei Zentimeter hinein. Innen waren die Balken alle noch sehr hart. Wahrscheinlich waren sie aus Eiche. Im Kuhstall gab es eine Ecke von einem Meter Breite; in die wurde immer, wenn eine Kuh gekalbt hatte, das junge Kälbchen gestellt. Ein Kälbchen war auch sehr wichtig für die Haushaltskasse, wenn es an den Metzger verkauft werden konnte.

Weil das Stroh als Streu für die Kühe nicht reichte, wurde im Laubwald das Laub zusammen gerecht, mit Tüchern nach Hause gefahren und als Streu für die Kühe verwendet. Vorher musste dies von dem Förster genehmigt werden. Der Laubwald sah früher aus wie ausgeschleckt.

Hühner waren immer im Garten, erstens wegen der Eier und zweitens wurde jedes Frühjahr eine Henne, Glucksere, auf die Eier gesetzt, um junge Hühnchen auszubrüten. Die männlichen Hühnchen, wenn sie eine gewisse Größe hatten, wurden geschlachtet. Die weiblichen durften weiterleben, um wiederum Eier zu legen. Die alten Hühner wurden auch geschlachtet, das gab dann immer eine gute Hühnersuppe. Als ich ein gewisses Alter hatte, musste ich beim Schlachten helfen. Das ging dann so: Die Mutter fing die Henne, nahm sie an den Füßen und am Kopf, legte sie quer über den Spaltblock und ich musste dann mit dem Beil den Hals der Henne abschlagen. Den Spaltblock benötigte man ansonsten, um das Holz auf die richtige Größe zu machen, zum Heizen im Winter und für den Herd zum Kochen.

Bei den Hasen, die wir immer hatten, war es ähnlich. Das erledigte ich als Jüngling alleine. Man nahm den dicken fetten Hasen, der reif war zum Schlachten, packte ihn an den Ohren schlug ihm mit einem Stock ins Genick, dadurch war er betäubt. Dann nahm man das Messer, durchtrennte ihm die Halsschlagader und ließ das Blut ablaufen. Als nächstes hängte man ihn an den Fesseln der hinteren Läufe an zwei Nägel an einem Balken auf. Dann wurde das Fell abgezogen, die Innereien ausgenommen und der Hase beim Metzger einen Tag in die Kühlhalle gehängt. Das war dann der Sonntagsbraten und Fleisch für weitere Tage für die ganze Familie. Um regelmäßig Fleisch zu kaufen, hatten wir kein Geld.

Der Kuhstall war direkt unter dem Schlafzimmer meiner Eltern, nur getrennt durch einen doppelten Bretterboden, der auch nicht mehr der Beste war. Wenn also in der Nacht sich eine Kuh schüttelte, dann rasselten die Ketten oder, wenn eine brunzte, dann plätscherte es so richtig schön, und auch den süßlichen Geruch des Urins konnte man hinterher im Schlafzimmer riechen. Der Geruch der Tiere war allgegenwärtig im ganzen Haus. Doch weil man damals so aufwuchs, war das alles ganz normal. Als wir von den Soldaten hörten, dass in Russland im Winter Tiere und Menschen wegen der Kälte in einem Raum schlafen, dann waren wir in unserem alten Haus gar nicht weit davon entfernt, denn die Wärme der Kühe konnte ja durch den Bretterboden nach oben wandern. Die Kühe waren also Zugpferde, Butter- Milch- und Fleischproduzenten. Alles drehte sich um die Kühe. Es war ein großer Verlust, wenn eine Kuh wegen Krankheit notgeschlachtet werden mußte. Dann gab es immer Freibankfleisch. Das hieß, jeder Bauer musste entsprechend seiner Anzahl von Kühen Fleisch kaufen. Das war eine soziale Komponente, die sicherte, dass auf Gegenseitigkeit wenigstens ein Rest vom Wert der Kuh den Besitzern übrig blieb.

Liebe Leute, wenn ich mir das heute alles so durch den Kopf gehen lasse und sehe, wie wir heute wohnen, selbst der einfachste Mensch, dann ist das ein himmelgroßer Unterschied gegenüber meiner Kinderzeit.

Die Ahne Luise Ahles 102 ½ Jahre.

Meine Ahne war die Mutter des ersten Mannes meiner Mutter. Das war der Vater meiner Stiefschwester Luise. Diese Ahne erreichte das biblische Alter von 102 ½ Jahren. Von ihr sagte man, dass ihre Generation den Mist mit dem Butten auf dem Rücken auf den Jux getragen und auch die dort erzeugte Nahrung wieder mit dem Butten herunter getragen hatte. Mit neunzig Jahren war sie das letzte Mal auf dem Jux, zu Fuß wohlgemerkt. Zum Jux ging es circa einen Kilometer über einen Trampelpfad, den Sturz, nur bergauf.

Als sie ihren 100. Geburtstag feierte, kam der Ortsgruppenleiter mit einer Urkunde, original von Adolf Hitler unterschrieben. Der Gesangverein brachte ein Ständchen. Das war ein Trubel in den engen Verhältnissen der Wohnung. Damals sagte man auch nicht Zimmer. Das Wohnzimmer war die „Stube."

Größere Bauern hatten auch eine „Gute Stube", die nur zu besonderen Anlässen wie Weihnachten oder Familienfesten betreten wurde.

Das Schlafzimmer war „die Kammer." Vom Wohnzimmer aus sagte man: „Gang end Kammer nei", oder „Gang end Kammer nuff", zu Deutsch „Gehe in das Schlafzimmer hinauf." Das war dann das Schlafzimmer oben im Dachstock.

Solange die Ahne noch lebte, schlief sie in der Kammer über dem Kuhstall neben der Wohnstube, das war ihr gutes Recht, war es doch auch ihr Haus gewesen. In ihrer Kammer schlief eines von uns Kindern. Eines im oberen Schlafzimmer, das im Dachboden, der „Behne", ausgebaut wurde und eines schlief auf der Behne mit freiem Blick unter die Dachplatten. Aus diesem Grunde musste auch Luise schon mit zwölf Jahren in Stellung gehen, das hieß bei anderen Menschen, Bauern, arbeiten, nur für Kost und Logis. Früher hatten die Menschen so wenig Geld, dass in der Regel eine Tageszeitung immer von zwei oder mehreren Familien gelesen wurde.

Als dann die Ahne 1941 starb, natürlich zu Hause, blieb sie auch in ihrem Zimmer aufgebahrt bis „zur Leich", der Beerdigung, drei Tage lang. Da musste dann, nachdem der Arzt den Tod festgestellt hatte, ein Tuch um das Kinn gebunden werden, damit der Mund zu blieb. Auch die Hände legte man in die richtige Stellung, damit, wenn die Leichenstarre eintrat, dies alles seine Richtigkeit hatte. In diesen drei Tagen zog dann ein süßlicher Duft von dem toten Körper durch das ganze Haus. Ein Leichenwäscher zog der Verstorbenen ein Leichenhemd an. So war es einfach damals.

Früher herrschte auch der Aberglaube dass, wenn nachts ein Käuzchen schrie und irgendwo ein Licht brannte, dass dann jemand gestorben sei.

Dann kamen die Nachbarn und Verwandten und kondolierten. Jeder wollte die Tote nochmals sehen. Am Tag der Beerdigung kam der Leichenwagen, ein schwarzer Wagen, gezogen von einem Pferd. Alle Menschen vom Dorf und die Verwandtschaft gingen zu Fuß in einem Zug hinterher bis zum Friedhof. Ein alter Einwohner vom Ort erzählte mir, dass früher der Leichenzug bis zum Friedhof fünf Mal angehalten, und dann immer ein Lied gesungen hätte. Wenn besonders viele Menschen dabei waren, hieß es dann immer: „Der oder die hatte eine schöne Leich." Nach der Leich waren die Verwandten zu Hause zu Kaffee und Hefezopf eingeladen. Dazu musste dann immer jemand aus der Nachbarschaft in der Küche mithelfen.

Großeltern

kannte ich keine. Sie waren längst gestorben, war doch mein Vater von sechs Kindern der Jüngste. Nach Adam Riese waren dann meine Onkel und Tanten, als ich circa sechs bis acht Jahre alt war, soweit ich mich erinnern kann, alle schon über siebzig. Wo da meine Großeltern waren? Ich weiß es nicht. Da waren Onkel und Tanten, die wir ab und zu besuchten. Diese waren alle schon im Opa-, Oma-, oder Greisenalter. Wenn wir dann in Breitenfürst, wo mein Vater herkam, bei meinem Dede oder Dote, (Patenonkel und -Tante), einen Besuch machten, gab es immer Hefezopf mit Gsäls, sprich selbst gemachter Marmelade. Begegnungen mit der Verwandtschaft gab es immer nur bei einer Beerdigung. Sonst sah man sich kaum.

Es gab aber meinen **Onkel Fritz** von meiner Mutter Seite, und dem saß ich gerne auf dem Schoß. Er hatte nur einen Arm, der andere musste ihm wegen einer Blutvergiftung abgenommen werden. Er wollte mit einem Schrotgewehr Spatzen schießen. Als er anlegte, flog die ganze Schar weg. Alles Warten half nichts, die Spatzen waren fort und kamen nicht wieder. So wollte er sein Gewehr mit der Schrotkugel, vom Garten aus, durch ein kleines Fenster ins Klo stellen. Er nahm das Gewehr am Laufende mit der linken Hand und ließ es drinnen langsam ab. Scheinbar blieb der Abzug an irgend einem Ventil hängen und die ganze Schrotladung ging in seine Hand. Nun, dieser Onkel Fritz war im gleichen Ort, und ich war öfters bei ihm. Er brachte mir allerlei Lustiges bei.

Er hatte immer eine lustige, pfiffige Ironie in seiner Sprache. Egal wer mit ihm sprach, er verdrehte einem das Wort zu einem

Witz oder zweideutiger Weisheit. Auch wusste er lustige Verse. Zum Beispiel: „Ich weiß einen Witz vom Onkel Fritz, der auf dem Häfele sitzt und spritzt." (Botschamber, Nachttopf.) Oder: „Ehrlichkeit währt am längsten und wer nicht stiehlt, der kommt zu nichts." Oder mit Melodie: „Was haben wir für einen Lehrer, für einen Lehrer in unserer kleinen Stadt? Der Lehrer, der ist dick und fett und frisst den Kindern s`Vesper weg, oho, oho in unserer alten Stadt."

Eine andere Begebenheit: Onkel Fritz hatte wenig Haare auf dem Kopf. Dies nahm ein anderer Bauer zum Anlass und stichelt ihn deswegen. Das hätte er lieber bleiben lassen sollen, denn Onkel Fritz konterte knallhart: „Gscheite Leut gehen die Haar raus, einen Saukopf muss man extra vorher anbrühen." (Um die Haare weg zu machen.) Dieser Bauer soll lange beleidigt gewesen sein, heißt es.

Zu Onkel Fritz passt ein Spruch von Ludwig Börne:
Humor ist keine Gabe des Geistes,
er ist eine Gabe des Herzens.

Scheinbar lag das in der Familie, denn auch ich hatte diese hintergründige Ironie, aber leider verstehen manche Menschen diesen Humor nicht, denn sie waren mir böse, manche bis heute. Aus diesem Grund bin ich heute dann manchmal lieber still. Mein Pfarrer muß das auch in der Schule schon erkannt haben, denn er gab mir als Konfirmationsspruch:
„Sei stille und erkenne dass ich Gott bin."

Am Neujahrstagmorgen musste ich immer der Verwandtschaft im Dorf ein „gutes Neues" wünschen. So hatte man mir zu Hause beigebracht beim Onkel Fritz folgendes zu sagen:
„Ein gutes neues Jahr, eine Schüssel voll Haar,
eine Schüssel voll Schnitz, guten Morgen Herr Fritz."

Er hat mir auch das Gaigeln beigebracht, bei dem man immer sehr gut Kopfrechnen muss, auch Mühle ziehen und Damenbrett.

Für mich war es immer sehr deprimierend, weil er meistens gewann. Er war ein guter Spieler und Denker. Umso größer war die Freude, wenn ich ihn besiegte. Als ich im Jugendalter war, hatten wir über den Winter eine wöchentliche feste Gaigel- oder Binokelrunde (der schwäbische Skat), Onkel Fritz, mein Schwager, ein Nachbar und ich. Man spielte nicht um Geld, aber es wurde genau Buch geführt und knallhart gespielt.

Elternhaus.

Nun als die Ahne begraben war, wurde die Schlafkammer gerichtet, das heißt frisch geweißnet und meine Eltern und ich zogen dort ein. Meine Schwester und mein Bruder bekamen dann die Kammer oben. Als ich etwas größer war, wurde ich in die Freiluftkammer auf die Bühne unter den Dachplatten befördert.

Meine Matratze war ein Strohsack, der täglich aufgeschüttelt werden mußte. Danach war er dreißig Zentimeter hoch. Dadurch lag immer etwas Stroh ums Bett herum.

Da lag man jeden Morgen in einer Kuhle, einer tiefen Mulde. Nach meiner Erinnerung habe ich gerne darin geschlafen, war man doch in der Vertiefung so richtig schön warm eingehüllt. Die Umstellung auf eine moderne, relativ harte Matratze ist mir unangenehm in Erinnerung. Obendrauf kam ein dickes Federbett und im Winter hatte man noch eine Zipfelmütze auf und dicke Socken, sogenannte Bettstrümpfe, noch zusätzlich an. Vom Atem war in den kalten Wintern dann manchmal an der Bettdecke die Feuchtigkeit gefroren. Schlafanzüge kannte ich auch nicht. Da wurde einfach das Hemd angelassen. Unterwäsche, wie wir sie heute kennen, gab es auch nicht. Im Winter hatte ich eine gestrickte Unterhose, also Hose und Strümpfe aus einem Stück, an, im Sommer eben nur eine Hose. Das kratzte zwar an den Extremitäten, aber was soll`s, es war halt so. Selbstverständlich wurde das Hemd jede Woche einmal, das war am Samstagabend, gewechselt.

Um auf die Bühne oder in die obere Kammer zu kommen, gab es eine Stiege. Diese Stiege war aus massiven Holzstufen, die schon abgelaufen waren. An manchen Stellen waren sie richtig rau. Wenn man barfuß ging, mußte man aufpassen, dass man keinen Spreißel bekam. Auch der Fußboden im Wohnzimmer war aus einfachen gehobelten Brettern, circa zwanzig Zentimeter breit, die im Laufe der Zeit schrumpften, dadurch gab es leichte Spalten dazwischen. Die Bretter, sie waren aus billigem Tannenholz, wurden regelrecht abgelaufen. An den Stellen, wo Äste waren, war das Holz härter, da lief es sich viel weniger ab, dadurch waren es richtige Berg- und Talbahnen. Wenn dann ein Brett durchgelaufen war und durchbrach, kam der Schreiner und setzte ein neues, gehobeltes Brettstück ein, einfach nur von einem Balken zum anderen. Dadurch gab es eine kleine Stolperkante zwischen dem halb abgelaufenen und dem neuen Brett, aber daran musste man sich halt gewöhnen, die Füße lupfen. Auf Hochdeutsch, heben. Manchmal wurde auch mit einem geflochtenen Teppich, der aus alten Stoffresten selbst hergestellt war, die Stolperkante abgedeckt.

Wegen dem Viehzeug, Krabbelzeug, Ungeziefer ölte die Mutter alle paar Monate den Boden mit Boden-Öl ein. Das stank wohl ein paar Tage fürchterlich, aber es half. Der Boden auf der Bühne, das waren uralte Bretter, da konnte man an vielen Stellen die Hand dazwischen schieben. Als Isolation lag darunter Spreu. Das war natürlich auch ein gemachtes Nest für Mäuse, die es immer gab. Wenn ich etwas ganz Geheimes verstecken wollte, dann lupfte ich ein Brett hoch und versteckte das Teil darunter.

Zum Nachbarhaus war in der oberen Bühne nur eine Bretterwand aus normalen Brettern, sogenannten Schwertlingen. Die waren an den Seiten nicht einmal gerade gesägt, so konnte man an diesen Stellen zum Nachbarn hinübergucken.

Auf der Bühne stand damals auch noch ein altes wurmstichiges Spinnrad herum. Gebraucht wurde es allerdings nicht mehr.

Der Ofen im Wohnzimmer wurde von der Küche aus durch die Wand hindurch beheizt. Eigentlich war es ein schöner Ofen, aus gusseisernen Platten, die alle schöne Motive hatten. Er war so hoch wie eine erwachsene Person, hatte oben zwei Türen, dahinter einen Raum, in den man vielerlei Sachen stellen konnte, zum Beispiel im Winter die Bettflasche oder Äpfel zum Braten. Meistens war ein Wasserhafen darin, der leise vor sich hin sang, siedete, wenn das Wasser eine bestimmte Temperatur erreicht hatte. Der Duft von gebratenen Äpfeln zog im Winter immer wieder durch das Zimmer. Mein Vater hatte keine Zähne mehr, für ein Gebiss hatte man kein Geld. Durch das Braten konnte auch er die Äpfel genießen. Weil man von außen schürte, hatte man im Zimmer keinen Dreck. Oben von der Decke herunter waren zwei Eisen, an diesen wiederum waren Stangen um den Ofen herum angebracht, die waren dann immer behängt von irgendwelchen Textilien, die getrocknet werden mußten.

Zum Waschen, der täglichen Körperpflege, holte man sich jeden Tag in einer blechernen Waschschüssel das warme Wasser in der Küche, immer aus dem Schiff im Holzherd. Die Waschschüssel lag draußen vor dem Fenster auf dem Dach der Hütte und war am Riegel für den Fensterladen eingehängt. Im Wohnzimmer war eine Bank, auf diese stellte man die Waschschüssel. Über der Bank war ein großer Spiegel leicht schräg gestellt, so dass alle, Groß oder Klein, sich darin sehen konnten. Hinter der Bank war die Wand dann immer etwas verspritzt. Gewaschen wurde in der Hauptsache nur das Gesicht. Als Junge ist man mit dem Wasser etwas sparsam. So war es dann oft so, dass hinter den Ohren bis zum Wochenende eine graue Schicht, die in der Hauptsache aus Seifenresten bestand, hängen blieb, von der dann, wenn ich mal wieder richtig gründlich gewaschen wurde, schöne kleine Ribbele abgerubbelt werden konnten. Nach dem Waschen leerte man das Waschwasser zum Fenster hinaus auf das Schlappdächle, das ja hinter dem Haus war und dadurch niemanden störte. Die Schüssel legte man auf das Dach und hängte sie mit dem Waschlappen wieder an dem Riegel für den Fensterladen ein. Die Füße wurden in einem Zuber gewaschen.

Der Dampf des Kuhstalls lag ja auch immer in der Luft. So waren der Schweiß und der „Duft" der Menschen, ohne das heute obligatorische Bad oder Dusche, eine ganz natürliche Angelegenheit.

Alte Hütte hinter dem Haus

Hinter dem Haus

war eine Schlappdachhütte, darunter ein Schweinestall, darüber der Hühnerstall, und der Hasenstall stand auch irgendwo. Dieses Viehzeug musste auch täglich gefüttert werden. Daneben war das Lachenloch für die menschlichen Exkremente. Das war ein Sandstein, circa ein Mal ein Meter, und achtzig Zentimeter hoch, innen ausgehöhlt. Der Abort, auch Abtritt genannt, ein Häuschen aus Holz, war an der Außenwand im ersten Stock angebaut. Auch der Sitz des Aborts und der Deckel dazu waren aus Holz. Von diesem ging eine senkrechte Röhre, auch aus Holzbrettern, in den Sandstein hinein.

Zum Hinternputzen gab es natürlich nur Zeitungspapier. Dieses wurde vorher in gebrauchsgerechte Größen geschnitten. Ein großes Problem gab es immer im Winter, wenn es über Wochen richtig kalt war. Da gefror die Holzröhre auf halbem Wege zu und es ging nichts mehr hinunter. Dann nahm Vater einen langen Stock, die Mutter machte ein paar Töpfe heißes Wasser, und dann wurde mit Hilfe des heißen Wassers solange gestochert, bis die Röhre wieder frei war.

Im Garten stand eine Holzhütte, etwas größer als heute eine Doppelgarage, aber mit Giebeldach. Das Ganze selbstverständlich aus Holz, uralt und windschief, unten total offen, damit das Holz, das darin gelagert wurde, immer gut belüftet war. Unten waren die Backprügel für das Backhäusle und das Brennholz für die Wohnungsheizung. Oben waren die Krähle (Reisigbüschel), die man auch zum Anbrennen des Backofens, dem Anzünden des Herdes und des Ofens, benötigte.

Dieses ganze Holz musste jedes Jahr im Wald von einem Los, das von der Gemeinde gekauft war, ausgeastet, heraus geschleift, klein gemacht, geholt, gesägt und gestapelt werden. Der Preis für ein Los war natürlich abhängig vom Holz, das darin lag. Tanne, Buche oder Eiche usw. und von der Lage.

Ich erinnere mich noch daran, als wir ein Los „In der Hölle" hatten. Das ist ein Gewand in der oberen Wieslauf-Schlucht Richtung Laufenmühle. Es war wahnsinnig steil und hatte nicht umsonst diesen Namen. Ein Los in dieser Steilhanglage war natürlich das Billigste. Kein Weg führte dort unten hinein. Das Holz mußte nach oben gezogen oder getragen werden. Um überhaupt nach oben zu kommen, hackte man treppenartige Stufen in den Hang. Da war dann die ganze Familie mehrere Tage draußen im Wald. Stück für Stück wurde nach oben transportiert. Es wurde Essen und Trinken mitgenommen, das war dann Picknick im Original. Liebe Leser, wenn man heute Dokumentarfilme aus der dritten Welt sieht, dann war das Leben in diesem kleinen schwäbischen Ort auch nicht viel fortschrittlicher, weil die Arbeit eine riesige Schinderei für das tägliche Brot war.

Im Juxköpfle.
Der höchste Punkt in der Markung unseres Dorfes ist ein kleiner Wald, umgeben von Äckern, die der Gemeinde eigen sind und von der Gemeinde gepachtet werden konnten. Man sagte Laoser = Los. Diese wurden wahrscheinlich früher unter den Interessenten ausgelost, daher der Name im Dialekt. Es war der höchste Punkt der Gegend. Auch gab es dort, wie vorne schon

erwähnt, einen sandigen, lockeren Boden, der sich sehr gut bearbeiten ließ.

In der Mitte dieser Felder war dieses Juxköpfle, ein Oval mit einem Durchmesser von fünfzig auf hundert Metern, bewachsen mit Wald. Direkt oberhalb von dem „Laos" meiner Eltern stand eine Tanne mit Ästen bis auf den Boden herunter, so dass man wie auf einer Leiter, auf diese Tanne klettern konnte. Auf diese kletterte ich und sang hoch oben auf dem höchsten Gipfel das Liedchen:

Vöglein im hohen Baum,
klein ist's man sieht es kaum,
singt doch so schön,
dass alle Leute gern,
kommen aus nah und fern
horchen und steh`n
horchen und steh`n.

Die Leute blieben stehen, hörten mir zu und oft musste ich von ihnen hören, „Du hast heute aber wieder schön gesungen." Die Eltern bestellten oder ernteten während dieser Zeit den Acker, oder was eben gerade der Jahreszeit entsprechend zu tun war.

Meine Eltern
mussten für das tägliche Brot schwer arbeiten. Sie hatten sechs kleine eigene Grundstücke, teils Wiesen, teils Äcker, dazu kamen sechs von der Gemeinde gepachtete Grundstücke. Alle waren sehr kleine Grundstücke. Im Volksmund sagte man „Hosabendl", weil sie so schmal waren wie Hosenträger, die dazu noch meistens irgendwo am Berghang gelegen sind. Da gab es den Jux, die

Viehweide, die Kallenbergerhalde, die Hommelslaoser, den Wengert, den Eichberg, alle am Berghang, dann den Langenweidach, den Fleckenacker, die Wiesen im Tal, „Em Däle." Der Gemüsegarten hieß „Solad" und alle waren sehr schwer zu bearbeiten und dazu lag noch jedes an einer anderen Ecke der Gemarkung vom Dorf.

Mir ist eine Begebenheit sehr gut in Erinnerung geblieben. Ein Grundstück, der Fleckenacker, leicht am Hang gelegen, war zum Teil Acker und zum Teil Baumwiese. Ein sehr schwerer Lehmboden! Ich ging mit meiner Mutter mit dem Handwagen dorthin. Die Mutter hatte Saatgerste dabei, anderes Korn als Gerste konnte dort nicht gezogen werden. Meine Mutter streute diese auf den umgeschorten Boden, das heißt er war mit dem Spaten von Hand umgebrochen worden und anschließend mußte der Samen mit einer Hacke von Hand untergehackt werden. Das war eine so schwere Arbeit, dass der Mutter Blasen an der Handinnenfläche aufbrachen und bluteten. Ich höre sie in Gedanken heute noch jammern und stöhnen und Tränen vergießen.

Im hohen Alter konnte sie die Hände und Finger nicht mehr gerade machen. Die Finger waren krumm geblieben von dieser schweren Arbeit mit den Werkzeugen, wie Sense, Gabel, Rechen, Spaten, Hacke, Messer, Sichel, ganz zu schweigen von den Werkzeugen für den Haushalt jeden Tag. Auch hatte meine Mutter einen Bausch, einen dicken Ring mit Spreu gefüllt, den sie sich auf den Kopf legte und darauf einen Korb oder Eimer stellte, um diesen von A nach B zu transportieren. Scheinbar war so das Gewicht für den Körper leichter zu tragen als mit den Armen und sie hatte die Hände frei für anderes, so wie man es heute in Filmen aus Afrika noch sieht.

Auch hatte meine Mutter, wie auch alle anderen Weiber, immer ein Kopftuch auf und eine Schürze zur Schonung der Kleider umgebunden. Das Wort Weib war für jeden ganz normal. Jeder Mann sagte zu seiner Ehegattin, „Weib" oder „Mei Weib." Sie sagte: „Mei Ma." Die Alten sagen es heute noch.

31

Damit die vorhandenen Wiesenflächen für das Futter ausreichten und die Kühe genügend Milch geben konnten, musste täglich das Futter auf den Wiesen von Hand mit der Sense gemäht werden, danach in Grastücher eingepackt und mit einem Wagen, den wiederum eine Kuh ziehen musste, nach Hause gefahren werden. Hätte man sie auf die Weide getrieben, hätten sie das meiste zusammen getrampelt und das Gras hätte nicht gereicht. Das Gras wurde täglich mit einer von Hand getriebenen Futterschneidmaschine geschnitten. Da passierte es einmal, dass ich mir den rechten großen Zeh zur Hälfte eingeschnitten habe. Das passierte so: Das Gras wurde, wenn man es eingelegt hatte, innen von einer Walze nach vorne geschoben. Um dieses Quantum durchzuschneiden war es gut, wenn das Schwungrad, das man von Hand antreiben musste, schon etwas Schwung hatte. Ich als halbstarker Jüngling hatte noch nicht so viel Kraft, es auf Anhieb durchzuschneiden. So blieb mir einmal das Messer mitten drin im Futter stecken. Ich wollte das Rad mit den Messern zurückdrehen, es ging aber nicht oder nur sehr schwer, so drückte ich mit meinem Fuß, ich war aber barfuß, zusätzlich an dem äußeren Schwungrad. Ich rutschte ab und schon spritzte das Blut, weil ich in das nächste Messer hineingerutscht war.

Das Gleiche im Winter. Das ganze Heu wurde mit Muskelkraft für das Vieh in der Futterschneidmaschine auf circa vier Zentimeter Länge klein gemacht. Dazu bekam das Vieh noch Rüben oder Kürbisse, die wieder von Hand mit einem Messer geschnitzelt und unter das Heu gemischt wurden.

Auch mussten die Kühe auf dem Acker den Pflug ziehen. Laufend musste der Mist und die Lache, auch Gülle oder Jauche genannt, abgefahren werden. Dazu gab es eine „Lachaschapf" und ein „Lachafass." Damit das Fass auf dem Wagen nicht wackelte, hatte man zwei Hälften von einem Motorradreifen unter das Fass gelegt.

Im Winter wurde alles mit einem Hornschlitten transportiert.

Alles musste von Hand auf- und abgeladen werden. Die Scheune, in der das Futter für die Kühe aufbereitet wurde, war fünfundzwanzig Meter vom Stall entfernt. Man trug alles mit einem großen Korb aus Weiden, den man ebenfalls selber machen konnte, von der Scheune zu den Kühen in den Stall, der im Haus war.

Der Stall hatte nur ein kleines Fenster von fünfzig mal fünfzig Zentimeter nach Norden und war aus diesem Grund ein ziemlich dunkler Raum. Ich habe es noch erlebt, dass abends eine Stalllaterne, gespeist mit Erdöl, angezündet wurde. Diese wurde an einen Nagel an einem Deckenbalken gehängt, um überhaupt etwas zu sehen. Später gab es dann auch elektrisches Licht aus einer Birne mit fünfzehn Watt. Deren Lichtstärke war auch nicht viel heller als zwei Kerzen.

Bargeld im Haus gab es nur über den Verkauf von Milch der Kühe und von Obst im Herbst. Bekanntlich tragen die Apfelbäume nur alle zwei Jahre, den brutalen Schnitt der modernen Apfelanlagen von heute kannte man damals noch nicht. Das Geld, das der Vater bei der Gemeinde als Fronarbeiter oder Feldschütz verdiente, kam nicht regelmäßig, weil er dort nicht jeden Tag gebraucht wurde. So kam es auch, dass ich immer die abgetragenen und geflickten Kleider meines größeren Bruders abtragen mußte.

Im Sommer musste man immer barfuß laufen, weil kein Geld für Schuhe da war. Für den Winter gab es nur schwarze, feste, lederne Schnürstiefel mit Lederriemen, (Schuhnestel) die immer mit Fett eingeschmiert wurden. Die Sohlen der Schuhe waren, damit man sie nicht so schnell ablief, mit Nägeln beschlagen. Diese hatten einen großen runden Kopf mit circa zehn Millimeter Durchmesser. Am Absatz war ein halbrundes Eisen wie bei Pferden. Beim Gehen klopfte dies sehr laut. Wenn da jemand nachts, wenn alles ruhig war, nach Hause ging, dann hörte man diesen Fußgänger schon von sehr weit.

Durch die offenen Kandel links und rechts der Dorfstraße lief immer etwas Wasser, das im Winter zu Schleifen gefror. Für uns Kinder gaben die genagelten Stiefeln ganz tolle Winterspiele. Man rutschte auf den Schleifen ganz weit mit diesen. Es gab dann sehr oft kleine Wettbewerbe, wer am weitesten schleifen konnte. Dazu nahm man einen großen Anlauf wie beim 100-Meter-Rennen, ging mit diesem Tempo auf die Eisfläche und rutschte, soweit es ging. Am Ende machte man sich selber einen Strich an der Spitze des vorderen Stiefels. Die anderen taten das Gleiche. Auf diese Art und Weise konnte man ganze Nachmittage verbringen. War es eine besonders große Schleife, dann machte man auch kleine Kunststücke während des Rutschens. Man drehte sich, man ging in die Hocke oder rutschte auf einem Bein.

Schule.

Zum Lernen für die Schule hatte ich nicht viel Zeit, weil ich ja immer meinen Eltern bei der Feldarbeit helfen musste. Dies war auch notwendig, weil meine Eltern ja nicht mehr die Jüngsten waren und, weil es einfach so üblich war, dass jeder für den Lebensunterhalt mithelfen musste. Dieses Mitarbeiten hatte auch sein Gutes, man bekam eine Verbindung zur Natur, zur Scholle.

Wie schon erwähnt, nahm man sich für Hausaufgaben nicht viel Zeit. Auch wurde ich nicht besonders dazu animiert. So konnte ich meine Jugend genießen und das Kindsein voll ausleben. Wenn ich daran denke, wie meine Kinder ihre Jugend sich gestalten konnten und wie sie heute im Beruf stehen, dann ist das gar nicht

das Schlechteste. Als Kind ohne den Erfolgsstress frei aufzu-
wachsen, das ist doch gut für die Seele, für den Geist die
Traumjugendzeit. Die Noten im Zeugnis waren natürlich dem-
entsprechend.

Mein bestes Fach war Singen. Da gab es immer eine Eins.
Dafür brauchte ich auch nicht zu lernen, ich konnte es einfach.

Rechtschreiben war meine größte Schwäche. In den letzten
beiden Schuljahren nach dem Krieg hatten wir einen anderen
Lehrer, die besten Schulkameraden waren weg in der Oberschule
(Realschule). Dies gab mir scheinbar etwas Auftrieb und meine
Noten wurden zusehends besser.

Aufsatz, Fantasie. Als Kind soll ich mal gesagt haben: „Ich
brauche nicht ins Kino zu gehen. Ich brauche nur die Augen
schließen, dann sehe ich Kino."

Meine Schulzeit war von 1939 bis 1947, also über den ganzen
Krieg. Die besten jüngsten Lehrkräfte waren alle eingezogen zum
Militär, so waren unsere Lehrer alle ältere Semester. Eine Begebenheit habe ich nicht vergessen. Ich war von der Unterklasse
in die Oberklasse gekommen, das war die fünfte Klasse. Hier
muss ich noch sagen, dass die Unterklasse, Klassen eins bis vier,
nur in einem Schulraum war und die Oberklasse fünf bis acht
auch nur in einem Schulraum, aber in getrennten Gebäuden. Nun,
einer der ältesten Schüler, das war Horst, war so groß wie der
Lehrer. Er erlaubte sich einiges. So fing der Lehrer ein Thema in
Naturkunde an. „Also, der Winter ist vorbei und der Frühling
steht vor der Tür." Da springt der Horst auf, rennt zum Zimmer
hinaus, kommt wieder herein und sagt: „Herr Beck, das ist nicht
wahr, da draußen steht keiner." Die ganzen vier Klassen brüllten.

Eine andere Begebenheit war: In einer Pause lernten wir das
Pfeifen mit den Fingern. Die meisten hatten plötzlich den Trick
heraus und so war das eine fürchterliche Pfeiferei. Als die Pause
zu Ende war und wir wieder im Zimmer, fragte die Lehrerin:
„Wer hat da draußen diesen fürchterlichen Lärm gemacht?"
Niemand meldete sich. „So also, wenn das niemand gemacht hat,
alle Jungs nach vorne, Hand raus strecken!" und jeder erhielt eine

Tatze mit dem Rohrstock auf die Innenhand. Auweh, das tat weh. Die Haut hatte einen roten Streifen.

Noch eine Sache, die wir für die Schule machen mussten. Es gab gegen Ende des Krieges keine Kohlen mehr, man konnte den Schulraum im Winter nicht mehr heizen. Im Wald lag aber genügend Holz herum. Damals war der Borkenkäfer gewaltig am Schaffen und hatte viele Tannen kaputt gemacht. So sagte der Lehrer: „Die Jungs der oberen Klassen gehen morgen mit in den Wald, und wir holen Holz. Säge und Beil mitbringen." Also ging es den Berg hoch, wir sägten so viel zusammen, wie wir tragen konnten. Jeder nahm sich einen Rugel auf die Schulter, und wir wollten gerade los gehen. Da schrie einer: „Da hinten kommt der Förster." Wir gingen schneller und schneller, der Förster kam immer näher, wir fingen an zu laufen. Er lief auch und kam immer noch näher. Da schmissen wir die Holzrugel in den Graben und rannten so schnell wir konnten den Berg hinunter und nach Hause. Als der Lehrer alles geklärt hatte, mussten wir zwei Tage später, und diesmal mit Genehmigung, wieder in den Wald und das weggeworfene Holz wieder holen, damit das Klassenzimmer geheizt werden konnte. Auch wurden wir öfters aufgefordert, von zu Hause Holz oder Kohlen mitzubringen.

Pelzmärte. (Nikolaus)
Als Junge in der achten Klasse spielte ich einmal den Pelzmärte am Heiligen Abend bei den Kindern unseres Lehrers. Dazu machte ich mir einen Bart aus Hanf, als Mantel einen großen langen Sack. Diesen legte man der Länge nach und nach innen zusammen. Dadurch wurde es eine Kapuze. Diese stülpte man sich über den Kopf. Dazu hohe Stiefel, eine Glocke mit Riemen und eine Kette über die Schulter, eine lange Rute oder Weidenstock in der Hand, einen kleinen Sack mit ein paar Äpfeln, Dörrobst und Bredla = Weihnachtsgebäck. So gerüstet stapfte ich bei meinem Lehrer geräuschvoll die Holztreppe empor und trug das Weihnachtsgedicht von Theodor Storm vor.

Knecht Ruprecht

Von drauß vom Walde komm ich her,
ich muß euch sagen es weihnachtet sehr.
All überall auf Tannenspitzen
sah ich goldene Lichtlein sitzen
und droben aus dem Himmelstor
sah Christkind mit großen Augen hervor,
und wie ich so strolch durch den finstern Tann,
da rief's mich mit heller Stimme an:
„Knecht Ruprecht, rief es, alter Gesell
hebe die Beine und spute dich schnell,
die Kerzen fangen zu brennen an,
das Himmelstor ist aufgetan
alt und jung sollen nun
von der jagd des Lebens einmal ruhn:
und morgen flieg ich hinab zur Erden
denn es soll wieder Weihnachten werden."

Ich sprach „Oh lieber Herre Christ,
meine Reise fast zu Ende ist;
ich soll nur noch in diese Stadt,
wo`s eitel gute Kinder hat."
„Hast denn das Säcklein auch bei dir?"
Ich sprach: „Das Säcklein das ist hier,
denn Äpfel Nuss und Mandelkern
essen fromme Kinder gern."
„Hast denn die Rute auch bei dir?"
Ich sprach: „Die Rute die ist hier,
doch für die Kinder nur die schlechten,
die trifft sie auf den Teil den rechten."
Christkind sprach: „So ist es recht,
so geh mit Gott mein treuer Knecht!"

Ich fragte dann: „Seid ihr auch alle brav gewesen?", „Ja." Dann
machte ich meinen Sack auf und schenkte jedem eine Kleinigkeit,

klemperte noch kräftig mit der Schelle und ging mit viel Geräusch die Treppe wieder hinunter und den Weg entlang.

Die Arbeiten in der Familie.

Der Heimatort war ein Dörfle mit circa sechshundert Einwohnern. Fast jedes Haus hatte eine kleine Landwirtschaft. Industrie kannte man damals noch nicht. Da gab es eine Zigarrenfabrik im nächsten Ort, in der nächsten Stadt eine Ziegelei und eine Fabrik, in der Sensen, Gabeln und Rechen aus Stahl hergestellt wurden. Glück hatte unser Ort, weil um die Jahrhundertwende, also 1900, die Eisenbahn durch das Tal gebaut wurde. Auch unser Dorf erhielt einen Bahnhof. Dadurch war der Anschluss an die große weite Welt hergestellt.

Jede Familie stellte fast alle Nahrungsmittel selbst her, Kartoffeln, Korn, Gemüse, Obst. Sauerkraut wurde in Standen aus Ton oder Holz selbst eingestampft. Das Einstampfen wurde mit einem Holzstempfel oder auch mit den frisch gewaschenen Füßen eines Kindes durchgeführt. **Die Kartoffeln** lagen auf Naturboden in einem Keller. Dieser war aus Natursteinen mit Rundgewölbe in den Berg eingegraben und mit Erde bedeckt. Obendrauf war in der Regel eine Hütte. Das Ganze hatte den Namen Kellerhütte. Von diesen Kellerhütten gab es sehr viele im Ort. Auch die Rüben, Kürbisse für das Vieh, der Most, das Getränk der Familie für das ganze Jahr, wurden in diesen Kellern gelagert. Diese Keller waren frostfrei. Durch das Eingegrabensein in den Berg, von Naturerde umgeben, war eine übers ganze Jahr gleichbleibende Temperatur garantiert. Dadurch konnten die Nahrungsmittel sehr lange gelagert werden, im Sinne eines Kühlschrankes von heute.

Nicht vergessen darf man **den Most.** Er war das tägliche Getränk der Familie für das ganze Jahr. Je nach Bedarf und Geschmack wurde er mit Brunnenwasser verdünnt. Der nächste Brunnen war einhundert Meter entfernt. Die Äpfel wurden gemahlen, in eine Stande gekippt und mit so viel Wasser, dass man es gerade sehen konnte, angesetzt. Zwei volle Tage blieb diese Mischung stehen, dann wurde gepresst. In Holzfässern, die in dem Gewölbekeller waren, ließ man den süßen Most gären. Das Reinigen der Mostfässer war auch eine besondere Angelegenheit. Dazu mussten Jungs, die noch durch das Türle passten, hineinschlüpfen, ausgestattet mit einer Kerze, später Lampe, einer Bürste und warmem Wasser, das laufend nachgereicht wurde. Für dieses Ausbürsten und Reinigen gab es dann immer Taschengeld.

Das Heu für das Vieh musste im Sommer von Hand gemacht werden. Dazu gingen alle, die helfen konnten, morgens bei Tagesgrauen hinaus und mähten das Gras mit der Sense. Einer mähte hinter dem anderen drein, Mahd für Mahd. Mit der Gabel zerstreuen, nachmittags einmal wenden und abends wegen Nacht-Tau, auf eine dicke Mahd zusammenrechen. Am anderen Tag, nachdem der Tau abgetrocknet war, das Heu wieder zerstreuen. Nachmittags bei Bedarf nochmals wenden und dann mit dem Leiterwagen, von zwei Kühen gezogen, einholen. Mit der Gabel oder dem Oberleng-Seil und Kralle wurde es dann in den Heubarn, in der Scheune, gestapelt.

Das Korn. Die Korngarben wurden zuerst im Sommer im Oberleng (die oberen Etagen der Scheune) gestapelt, im Herbst oder Winter, wenn Zeit und Bedarf war, wieder auf den Wagen geladen und zum Dreschen zur Dreschere, einer fest in einer Scheune installierte Dreschmaschine, gefahren. Danach schaffte man das Stroh wieder in die Scheune. Das Korn wurde im Haus auf der Bühne in Säcken aufbewahrt, bis man Mehl mahlen ließ, dies wiederum auch nur in kleineren Portionen, weil ja Mehl oxidieren kann, also schlecht wird, das Korn jedoch nicht. Dafür zog das Korn immer die Mäuse an. Man hatte ständig Mäusefallen aufgestellt und auch eine Katze, die die Mäuse fing, war ständig im Hause.

Die Butter. Auch Butter wurde manchmal selbst gemacht. Dazu wurde in einem Rührfass aus Holz, (Maße: oben circa 15, unten circa 20 Zentimeter, Höhe circa 50 Zentimeter), die lauwarme Milch mit einem Holzstempel, einer Holzscheibe mit

Löchern, die an einem Holzstab befestigt war, solange gestampft, bis sich die Butter in Flocken absonderte. Die Mutter formte dann das Ganze zu einem ovalen Klumpen.

Backtag.

Wenn die Mutter alle vierzehn Tage Backtag hatte, dann war das Schwerstarbeit für sie. In einem Backtrog aus Holzbrettern, circa ein Meter lang, wurde der Teig mit der Hand ange- macht, geknetet. Vater machte

im Backhäusle hinter dem Haus Feuer. Dieses wurde mit Krähle (Reisig- büschel), und Backprügel, (Holzstecken aus Tannen- reisig, von denen das Reisig entfernt war, letz- teres wurde als Streu für die Kühe verwendet), so- lange geschürt, bis die Ofendecke weißgrau wurde. Dann war die gespeicherte Tem- peratur richtig. Weil die erste große Hitze fürs Brot noch zu heiß war, wurden zuerst von einem Rest von Schwarzbrotteig

Salzkuchen gebacken. Dieser war belegt mit ein wenig Quark, Kümmel, Salz, wenn er ganz exklusiv gemacht wurde, dann kamen immer noch einige Speck- oder Rauchfleisch-Stückchen darauf. Diese Salzkuchen waren in wenigen Minuten fertig und gleich danach kamen die Brotlaibe in den Ofen. Der Salzkuchen war dann das Mittagessen, weil ja die Mutter keine Zeit zum Kochen hatte.

Mit der Restwärme des Ofens wurde im Herbst noch **Schnitzle = Dörrobst** gemacht. Dazu saß am Abend vorher die ganze Familie am Tisch und schnitzelte eine größere Menge Äpfel.

Nachdem das Brot gebacken war, wurden diese Schnitze auf dem ganzen Ofenboden verteilt. Sie blieben dort, bis der Ofen nach zwei bis drei Tagen erkaltet war. Auch Zwetschgen wurden auf diese einfache, billige Weise haltbar gemacht.

Von diesem Dörrobst gab es dann im Herbst, zu Weihnachten und den ganzen Winter über **Schnitzbrot.** (Früchtebrot.), aber auf die einfache Art und Weise: Dieses leicht mit Butter bestrichen – eine Delikatesse! Das heutige Früchtebrot hat viel zu viel Zutaten wie Feigen usw. Dadurch kann man nur wenig davon essen.

Zu den **Backprügeln** ist zu sagen, dass diese beim Holzmachen in einem Flächen-Los im Wald, extra gefertigt wurden und dann zwei Jahre in der Holzhütte abgelagert waren. Auch darin steckte eine riesige Arbeit, die von der ganzen Familie geleistet wurde. Die Backprügel waren circa ein Meter lange Fichtenäste. Aus einem Los holte man das gesamte Brennholz zum Kochen und Heizen für das ganze Haus. Es war meistens der Abfall von den großen Bäumen, also Äste und Wipfel. Beim Auslichten einer noch jüngeren Baumkultur gab es längere Stangen. Daraus machte man immer die Stützen für die Äste der Apfelbäume.

Wenn die Getreideernte nicht besonders gut war, dann war die Hauptnahrung nur Äbira, Erdbirnen, Krumbira = **Kartoffeln.** Morgens gab es dann Brägala (Röstkartoffeln), mittags Kartoffelsalat, abends Kartoffeln aus der Schale. Eine Schüssel gekochter Kartoffeln wurde auf den Tisch gestellt und jeder schälte sich so viel selber mit dem Löffelstiel ab, wie er Hunger hatte. Dazu gab es gestandene Milch (Dickmilch), oft auch als Quark, mit Kümmel und Salz angemacht. Kümmel, auch dieser wurde bei der Heuernte selber gesammelt. Es gab wilden und guten Kümmel. Der Gute wurde dann nach dem Grasmähen aussortiert, zu Hause getrocknet, ausgeschüttelt und in einem Säckchen aufbewahrt.

Welschkorn = welsches Korn = ausländisches Korn **ist Mais**. Dieser Mais wurde auf einem Acker selbst angebaut. Wenn er reif war, wurden die Maiskolben einzeln abgebrochen. Danach wurden zu Hause die Blätter nach hinten gestülpt und mit einem zweiten Kolben zusammengeknotet. Damit konnte man sie an einer Stange zum Trocknen aufhängen. So waren sie auch gleich geschützt vor den Mäusen. Wenn dann im Winter der Speiseplan mit Welschkorn ergänzt werden sollte, wurden die Körner an der Simmere von Hand abgeraspelt. Damit die Körner leichter weggingen, legte man die Maiskolben nach dem Brotbacken noch in den Backofen. Durch das Trocknen ging das Abraspeln leichter. Dann brachte man die Körner in die Mühle, dort wurden sie zu Welschkornschrot gemahlen. Die Simmere war ein rundes Gefäß aus Holz mit einem Flacheisen quer oben drüber. Drehte man die Welschkornkolben mit festem Druck an dem Eisen vorbei, dann fielen die Körner in das Gefäß.

Die Speisen:
Welschkornsupp,
Welschkornbrei, (Kukuruz,
Polenta.) Welschkornknöpfle
mit Ei überbacken. Dazu gab es
eingemachte Quittenschnitze
oder Apfelbrei oder selbst
gemachtes Dörrobst, von
Äpfeln, Zwetschgen und
getrocknete Birnen gemischt.
Welschkornkuchen (ist fast wie
Brot.)

Welschkornbrei und Quittenschnitz

Das war und ist für mich, damals und wie heute noch, eine Leibspeise. Hutzla, das sind getrocknete Birnen. Das ganze als

Mittagessen, eine Delikatesse. Die gedörrten Äpfel und Birnen wurden in etwas Wasser wieder weich gekocht, die Brühe, die dabei entstand, war sehr süß und braun. „Schnitzbrühe." Auch diese habe ich immer besonders gerne getrunken. Da gab es eine Redewendung: „Frisst deine Katz auch Schnitzbrüh, sauft sie?" Welcher Sinn allerdings dahinter stand, das kann nicht mehr gesagt werden. Wahrscheinlich hat sie den Katzen auch gut geschmeckt.

Dass Mais ein hochwertiges Nahrungsmittel ist, das ist unbestritten. Dass aber Mais und die Produkte daraus bei uns heute fast out sind, das ist sehr schade, dient er doch, besonders in den wärmeren Ländern, als eines der Hauptnahrungsmittel. Wie in Mexikos, tausendjähriger Esskultur bei den Azteken, Tolteken und Mayas. Die Tortilla, ein eiweißreicher Maisfladen, ist für die Mexikaner Gabel und Serviette in einem. Bei uns findet er nur noch Verwendung als Cornflakes, Popcorn, Maisstärkemittel, Mondamin, Traubenzucker, Dextropur.

Metzlsupp Im Winter wurde die Sau gemetzget. Alles im Freien hinter dem Haus. Nachdem sie tot war, das Blut in einem Eimer gesammelt, – dieses musste dauernd und schnell gerührt werden, damit es nicht gerinnt –, wurde sie enthaart, an den Fesseln aufgehängt und zerlegt und die Würste im Waschkessel gekocht. Bei diesem Kochen zerplatzen manche Würste. Das Wasser mit dem Inhalt war die Metzlsupp.

Dann kamen die Nachbarn und holten sich eine Schüssel oder Kanne voll. Zu älteren Menschen wurde sie in der Milchkanne hingebracht. Die Metzlsupp war mit einem Stück Brot ein nahrhaftes Essen. Zu manchen Bauern kamen abends gute Freunde. Bei Metzlsupp, Kesselfleisch mit Sauerkraut, Most, Schnaps und Musik klang der Tag feuchtfröhlich aus.

Luggeleskäs. Brotaufstrich der einfachen Bauern. Man nehme: Quark, etwas Butter, saure Sahne, Kümmel, Salz, Schnittlauch, verrühren, fertig.

Tischgebet.

Vor jedem Essen und nach jedem Essen wurde gebetet. „Komm, Herr Jesu, sei unser Gast und segne alles, was du uns bescheret hast, amen."

Nach dem Essen:

„Gott Lob und Dank für Speis und Trank in Jesu Namen, amen."

Auch gingen Vater oder Mutter jeden Sonntag in die Kirche, zumindest ein Elternteil, und das war meistens die Mutter.

Dorfstraße.

Mein Dorf hatte eine Straße, an der links und rechts ein Kandel angelegt war. Durch diesen flossen alle Abwässer. Es war aber keine Kloake, weil ja alles, was noch brauchbar war, verwertet wurde. So wurde zum Beispiel das Dicke vom Spülwasser in den Sau-Kübel geschüttet, das Ganze mit gekochten Kartoffeln angereichert und fertig war das Fressen für die Sau. Ferner hatte man ja eine Miste mit einem Lachenloch. Auch dahin ging alles Verrottbare. Es herrschte volle biologische Verwertung, so dass durch den Kandel nie übriggelassene Spätzle flossen. Es gab auch keinen Müll. Wenn eingekauft wurde, nahm man immer ein Gefäß mit, in das der Kaufmann das Gewünschte hinein wog.

Oberndorf als die Straßen noch ungeteert waren.
Hier steht heute Autohaus Fichtl

Die Straße war viel schmaler, das heißt, es blieb vor jedem Haus Platz für einen kleinen Garten, in dem Gemüse oder Blumen wuchsen. Es gab sehr wenige Bauern, die Pferde hatten. Wenn dann von einem Pferd die Rossbollen auf der Straße lagen, dann wurden diese schnell mit der Kutterschaufel geholt. Das war guter Dünger für den Gemüsegarten. Oder die kuhwarmen Kuhfladen, von denen es viele gab, in die man als Kind barfuß so hinein trat, dass die Masse zwischen den Zehen hochkam. - Schön-!

Oberndorf
Links ist heute die Bus-Haltestelle, rechts Gasthaus Rose

Es gab zum Teil uralte Kastanien oder Lindenbäume und Gras. Apropos Lindenbäume; immer, wenn die Linden blühten, ging man mit Leitern hoch und pflückte die Blüten. Die Blüten wurden in ein Kuchenbackblech gelegt und an der Sonne getrocknet für einen duftenden Tee. Wenn man damals durch den Flecken (Ort) ging, dann war das alles rundum Natur. Die Straße selbst war nicht mal geteert, also eine Schotterstraße. Erst als die ersten Autos kamen und im Sommer riesige Staubwolken aufwirbelten, wurde diese geteert. Der Teer war aber kein Makadam, das heißt, an heißen Tagen im Sommer wurde er flüssig, und wir Kinder, die barfuß laufen mussten, hatten abends schwarze Fußsohlen.

Was immer sehr unangenehm war, war das Aufpassen auf die Viecher (Kühe) im Sommer bei der Heu- oder Getreideernte, beim Pflügen usw. Erstens hatte man ja kurze oder Halbmast-Hosen an (halbmast war so bis an die Knie.) Die gibt es heute auch wieder. Dann gab es da die Brema (Bremsen), die in großen Scharen und in allen Größen um die Kühe sausten und sich ihre Nahrung aus deren Blut saugen wollten. Natürlich wurde man da selbst nicht verschont. Da war man dauernd am Klatschen und Patschen und Schimpfen. Abends sahen die Füße und alle nicht abgedeckten Hautteile aus wie Streuselkuchen. Aber alles ging vorüber, am anderen Tag sah man nichts mehr davon.

Pflügen mit Kuh-Gespann

Fast ertrunken.

Wir gingen damals „zum Baden." Dazu gab es für uns nur das Katzenbad und das Wehr in der Wieslauf. Ein Schwimmbad gab es noch nicht. Das Katzenbad war eine kleine Staustufe, um dem Wasser das Tempo etwas zu nehmen. Um dahin zu gelangen ging, man von unserem Dorf aus circa 300 Meter quer durch die Wiesen. Das Wasser hatte dort eine Tiefe von fünfzig Zentimetern. Es war sehr frisch, lief es doch vom Ebnisee her immer im Wald oder abgedeckt von Büschen und Bäumen, die am Ufer entlang standen. Man brauchte immer eine ganze Weile, bis der

Körper sich an die Temperatur gewöhnt hatte und kam hinterher schnatternd und mit blauen Lippen heraus. Diejenigen, die schon schwimmen konnten, gingen zum Wehr. Das war ein Stauwehr für die Sägemühle im nächsten Dorf. Dort war dann eine Wassertiefe von fast zwei Metern.

Als Junge von acht oder zehn Jahren ging ich dann mit zum Wehr und wollte dort das Schwimmen lernen. Manche konnten es schon, ich noch nicht. Man probierte es weiter hinten, wo das Wasser einem bis zum Bauchnabel reichte. Aber das Hauptgeschehen spielte sich in der Nähe der Falle ab, wo es am tiefsten war. Es gab einen Tag, an dem das Wehr nur halb voll war und ich wollte bis zur Falle vor gehen. Fast dort angelangt, das Wasser stand mir schon am Kinn, tappte ich in ein Loch, erschrak und schon ging der Kopf unter Wasser. Ich fing an zu zappeln, kam wieder hoch, schrie „Hilfe." Dann ging es wieder abwärts. Ich kam wieder hoch, schrie nochmals „Hilfe", dann ging es wieder abwärts. Dann schluckte ich Wasser, kam wieder hoch und sah, wie ein etwas älterer Junge, Adolf, einen Kopfsprung auf mich zu machte. Er zog mich raus.

Das war in letzter Sekunde. Man hatte meine Hilfeschreie schon beim ersten Mal gehört, aber geglaubt, ich würde Blödsinn machen. Danach spuckte ich Wasser. Ich war käseweiß und mir war übel. Ich legte mich ins Gras bis die anderen nach Hause gingen und ging dann mit ihnen. Zuhause fragte mich meine Mutter sofort: „Was ist los, du bist ja ganz weiß?" So musste ich es erzählen. Das war eine Lehre, sehr schnell das Schwimmen zu lernen, und ich habe es auch anschließend ziemlich schnell und vorsichtig und da, wo man noch gut stehen konnte, gelernt.

Im Dorf gab es auch Leute, die anders waren. So zum Beispiel „dr Helmgäbele", ein etwas klein gebliebener Mensch, der nicht richtig reden konnte. Leider war er deswegen immer das Gespött von uns Kindern. Wenn wir ihn sahen, schrieen wir immer „Äschagäbele, Äschagäbele" dabei zeigte man mit dem linken Zeigefinger auf ihn, und mit dem rechten Zeigfinger strich man quer über den linken Zeigefinger.

Eine Frau war die „d´ Spitzbüblere." Wenn sie durch das Dorf ging, blieb sie immer wieder stehen, blickte nach oben in den Himmel und schimpfte immer mit denen da oben. „Dia Spitzbübla dahoba sind an allem Schuld."

Dann war da noch „dr Schnobl." Der war allerdings nicht von Geburt an so wild. Er soll einen Unfall gehabt haben, bei dem er einen Schädelbruch davon getragen hatte. Als Schutz wurde ihm eine Stahlplatte unter die Haut eingesetzt. Wenn nun im Sommer die Sonne darauf schien, dann war das für sein Gehirn zu warm, und er machte immer bösen Streit mit jedem, der ihm über den Weg lief. Als Kinder reizten wir ihn noch zusätzlich, und das war für uns sehr gefährlich, konnte er doch sehr gut laufen und hatte die Kraft eines normalen, gesunden Mannes. Da mußten wir dann schnell springen, rennen, um aus der Gefahrenzone und Reichweite seiner Werkzeuge oder Steine zu kommen. Er warf mit allem, was er gerade in den Händen hatte oder erreichen konnte.

Der Büttel.
Der Mann, der die Nachrichten der Gemeindeverwaltung öffentlich bekannt gab, war der Büttel. Er hatte für diesen Dienst eine Schelle, eine Glocke mit Stiel. Damit schellte er immer alle hundert Meter, blieb dann stehen, und wenn alle Leute aus den Fenstern schauten und ihm zuhörten, verlas er seinen Text. Das war eine gute, interessante Art, Informationen von der Gemeinde oder von den Vereinen bekannt zu geben. Lange Zeit war es „dr Wägner." Er war von Beruf Wagner

Er hatte noch vom ersten Weltkrieg einen etwas kürzeren, rechten Fuß und somit war sein Gang immer hinkend. Als viele

Jahre später dieser Büttel durch ein amtliches Mitteilungsblatt ersetzt wurde, hat man diesen Büttel als Zeichnung vorne auf diesem Informationsblatt platziert. Irgendwann fühlte sich, oder wurde, ein ausgedienter echter Büttel in einem der Dörfer der Gemeinde auf die Schippe genommen. Er beschwerte sich. Aus diesem Grund wurde diese nette Figur auf dem Mitteilungsblatt wieder entfernt.

Die Berufe.

Im Dorf waren alle vertreten: Es gab den Sattler, den Küfer, den Metzger, den Schmied, den Schuster, den Bäcker. Alle waren für uns Kinder Originale. Ihnen bei ihrer Arbeit zuzusehen war immer hochinteressant. Ich habe sehr gerne den älteren Menschen zugesehen und auch zugehört. Beim Sattler roch es immer so schön nach Leder, beim Schuster auch, aber er machte immer noch seine Sprüche dazu. Er sagte oft zu mir: „Im Wald hat ein Vögele gepfiffen, Oesterlich geh heim." In den späten Nachmittagsstunden, wenn sie ihre Hauptarbeit getan hatten, trafen sie sich oft in einer Wirtschaft. Dort ging es dann immer sehr lustig zu. Wenn der Alkohol seine Wirkung zeigte, fingen sie an zu singen. Ja und abends, wenn sie nach Hause kamen, wurden sie von ihren Weibern verschimpft.

KINDER-SPIELE

Fange spielen über dem Dorfbach,

im äußeren Weiler. Man sprach im Dorf vom unteren, mittleren und äußeren Weiler. Von der Krone Richtung Klaffenbach oder Mannenberg zu, da lief noch das Dauckernbächle offen neben der Straße. Da waren nur ein paar Holzpfosten und Stangen als Absperrung, zu den Häusern dahinter eben nur eine Überfahrt für jedes einzelne Haus. Das war für uns junge Kerle ein tolles Revier zum Fangerles spielen. Oft hagelte (fiel) einer unter dem Gelächter aller anderen hinein. Ich war einer derjenigen, der gut hüpfen und springen konnte. Mir passierte es einmal, dass der Sprung über den Bach nicht ganz reichte und ich rückwärts ins

50

Wasser fiel. Viel zu spät, als es schon dunkel war, und patschnass kam ich nach Hause. Meine Mutter war wahrscheinlich schlecht gelaunt, sie nahm einen großen Rührlöffel und verschlug mir den Hintern, es tat richtig weh. Plötzlich brach der Holzlöffel entzwei, dann nahm sie die Hand. Scheinbar war diese Tracht Prügel so intensiv, dass ich sie nie vergessen habe. Von meinem Vater ist mir ähnliches passiert, nur nahm er gleich die Hand, es tat aber fast gar nicht weh, ich schrie aber trotzdem aus Leibeskräften, damit er bald aufhörte.

Reifeln.

Vor ein paar Tagen wurde im Fernsehen das Leben in Soweto in Südafrika gezeigt. Da sah ich Kinder mit Felgen von Fahrrädern auf der Straße spielen. Eine Geschichte, die ich als kleiner Junge mit einer Motorrad-Felge erlebt hatte, fiel mir spontan ein.

Also, auch wir spielten damals mit den gleichen Gegenständen. Wir Jungs nahmen eine Fahrrad- oder Motorradfelge und einen Prügel (Stock) circa dreißig bis vierzig Zentimeter lang. Mit diesem Prügel wurde der Reifen oder Ring angetrieben und man sprang dann einfach nebenher. Wer ganz gut war, der drückte den Prügel in die Felge senkrecht nach unten und drückte nur dagegen, und schon ging es los im D-Zug-Tempo. Mit diesem Trick konnte man dann auch ganz enge Kreise drehen. Natürlich war das Ganze mit Lärm und Geklapper verbunden.

Nun die Geschichte.

Ich stand an einem warmen Sommertag auf der Straße ganz alleine herum. Autos gab es praktisch fast keine. Wenn am Tag zwei bis drei Autos fuhren, dann war das schon viel. Kein Mensch war zu sehen, ich wusste nicht, was ich tun sollte. Ich hatte eine Motorradfelge und ging damit auf der Straße so hin und her. In meiner Langeweile blickte ich in der Gegend herum und sah zwischen den Häusern, die bergseitig waren, freie Flächen. „Gängele" sagte man dazu, das kommt von „Gang" oder „durchgehen." Mensch, dachte ich, da kannst du deine Felge herunter sausen lassen. Gedacht, getan. Wie gesagt, ich war alleine, keine Menschenseele zu sehen. Also, rauf den Berghang zwischen den Häusern, oben die Felge mit beiden Händen hochgehoben über den Kopf bis zum Rücken und „Hau-Ruck" mit aller Kraft die Felge den Berg runter geschleudert. Die Felge sauste und hüpfte runter, sprang über die Straße und auf der Gegenseite mit einem Mords-Bumser gegen ein altes Scheunentor. Mensch, das war toll. Ich sprang runter, holte die Felge, ging wieder den Berghang rauf und machte dasselbe Spiel noch einmal. Wieder mit „Hau Ruck" und aller Kraft vom Rücken über den Kopf, der Felge den nötigen Schwung verpasst und dann kam das Unvorhergesehene in Form von einem „VW Käfer." Wäre dieser eine Sekunde früher oder später vorbeigefahren, dann wäre absolut nichts passiert. Das Timing war so genau, dass die Motorradfelge genau auf die rechte Seitentüre passte und natürlich außer dem lauten Bumser eine riesige Delle in die Türe drückte.

Der Fahrer war so erschrocken, dass er erst nach vielen Metern anhalten konnte. Ich hatte natürlich ein riesig schlechtes Gewissen und auch Angst. Was tun? Abhauen, aber wohin? Nach oben waren Gartenzäune. Wie gesagt, es hatte mich niemand gesehen, so quetschte ich mich hinter dem nächsten Haus unter Wacholderbüschen hindurch. Ich ging zwei Häuser weiter wieder runter Richtung Straße, denn ich wusste, dass ich mich dort in einem Schuppen mit Leiterwagen und anderem Gruscht und Krempel verstecken und zugleich das Ganze aus nächster Nähe beobachten konnte. Ich schlüpfte also in dem Schuppen in die hinterste Ecke. In der Zwischenzeit waren schon ein, zwei Leute bei dem Fahrer, der mich suchte.

Die Felge musste ja jemand geschleudert haben. Niemand hatte mich gesehen, niemand wusste etwas davon. Der Mann suchte mich, ging überall herum, stand auch vor dem Schuppen, guckte herein, ja sogar unter den Leiterwagen, aber ich lag ja in der hintersten, dunkelsten Ecke am Boden. Mein Herz schlug so laut, dass ich glaubte, dies müsste der Fahrer hören. Ich hielt den Atem an, jetzt bloß nicht niesen müssen! Ich verging fast vor Angst. Meine Güte, waren das Seelenqualen. So schlimm, dass ich sie jetzt, sechzig Jahre danach, noch nicht vergessen habe. Dieser fürchterliche Nervenkitzel dauerte mehrere Stunden. Der Fahrer hatte nach etwa einer Stunde Warten und Suchen die Nase voll und fuhr ab. Aber ich blieb bis zur anbrechenden Dunkelheit in meinem Versteck und passte dann eine Gelegenheit ab, bei der ich wiederum ohne gesehen zu werden nach Hause schleichen konnte.

Treiberles.
Dieses Spiel konnten wir auf der Straße machen, solange noch keine Autos fuhren. Man nahm einen Ball und machte aus den Mitspielenden zwei Gruppen. Diese Gruppen gingen dann etwa soweit auseinander wie man glaubte, dass der Ball geworfen würde. Wenn nun der Ball von der anderen Gruppe geflogen kam, und man diesen fangen konnte, dann durfte derjenige, der ihn gefangen hatte, gleich drei große Schritte nach vorne springen und den Ball zurück- werfen. Konnten die anderen den Ball nicht fangen, dann durften sie nur von der Stelle, an der der Ball auf den Boden traf, zurückwerfen. Es war aber dann doch so, dass eine Gruppe den Ball besser beherrschte, und die andere Gruppe durch das ganze Dorf getrieben wurde. Das Ganze konnte unter Umständen mehrere Stunden dauern und war mit viel Spaß und gegenseitigem, lustigem Gespött verbunden.

U u u a a a.
Hier wurden zwei oder drei bestimmt, die gingen alleine fort, um sich zu verstecken. Die anderen durften nicht sehen wohin, und mussten warten, bis der erste „Uuuaaa" Schrei zu hören war. Danach mussten sie die erste Gruppe suchen. Um der suchenden Gruppe einen Anhaltspunkt zu geben, wo sie suchen konnten, wurde immer wieder laut dieses „Uuuaaa" gerufen. Es war aber so, dass die sich versteckende Gruppe nicht an einem Ort blieb. Das heißt, wenn sie nicht gesehen wurden, konnten sie ihr Versteck wechseln. Als Verstecke wurden besonders gern die schon früher erwähnten Kellerhütten und offene Scheunen oder Schuppen verwendet. Auch dieses Spiel konnte Stunden dauern oder auch nicht. Sobald jemand gesehen wurde, war das Spiel aus.

Schnellerles.

Beim Schnellerspiel hatte man kleine, bunte Kugeln aus Glas oder Lehm. Manchmal waren sie selbstgemacht. Man sagte im Dialekt „Schneller." Mit dem Absatz drehte man in den Hofboden ein Loch. Damals war ganz selten eine Einfahrt befestigt. Man tätschelte mit der Hand den Rand rund und glatt, fegte den Boden drum herum schön sauber, machte in einer Entfernung von etwa zwei bis drei Meter einen Strich und dann ging es los. Man bestimmte, um wie viel „Schneller" man spielte, warf dann immer im Wechsel der Mitspieler seinen Schneller in diese Mulde. Traf man nicht hinein, was meistens so war, dann wurden, wenn alle ihre Kugeln geworfen hatten, mit dem Finger die Schneller in das Loch hinein gestoßen, mit einem einmaligen Schwung, na, eben ähnlich wie beim Golf. Derjenige, der den letzten Schneller in das Loch würfelte, bekam alle. Es ging also um Gewinnen oder Verlieren. So kam es vor, dass man abends mit leerem Säckchen nach Hause ging oder umgekehrt mit prall gefülltem Sack oder Taschen. Die Stars unter den „Schnellern" waren die „Bumena" (Glaskugeln mit farbigem Muster.)

Hopfe.

Dazu musste mit einem Stock oder Stein ein Muster von sechs oder acht Feldern mit einem Bogen darüber, den man den „Himmel" nannte, auf den Boden geritzt oder gezeichnet werden. Ein Feld circa vierzig mal fünfzig Zentimeter, immer zwei nebeneinander und wiederum alle übereinander mit dem Himmel darüber. Dann nahm jedes Kind eine Glasscherbe oder einen flachen Stein. Man warf nun dieses Stück in das erste Fach, hüpfte auf einem Fuß in dieses Fach, hob die Scherbe oder den Stein auf und hüpfte wieder zurück. Danach kam das nächste Kind dran. Dann warf man in das nächste Feld, hüpfte wieder auf einem Fuß dorthin und zurück. Wenn man im Himmel, also ganz oben, angelangt war, durfte man beide Beine auf den Boden stellen. Es gab dann noch vielerlei Varianten mit Kreuzschritt, Scherensprung usw. Wer zuerst das ganze Ritual durch hatte, hatte gewonnen. Wobei noch gesagt werden muss, dass der oder diejenige, die einen Fehler machte, zum Beispiel mit beiden Beinen auf den Boden kam, oder dem der Stein über das markierte Feld hinaus rugelte, sofort eine Runde passen musste. Es kam also sehr auf Geschicklichkeit im Werfen und im Springen an.

Dokterles.

Es wurde gespielt zwischen den Jungs und Mädchen. Man suchte dazu ein Versteck, in dem ausgediente Arzneifläschchen, Blätter, Kräuter, Hühnerfedern, alte Büchsen oder Tassen vorhanden waren. Na ja, wie es der Doktor machte und die eigene Fantasie es einem sagte, betupfte und verband man die zu heilenden Körperteile. Dabei wurden natürlich fachmännische Gespräche geführt. Ob es den Storch gibt usw.

Sonntagsanzug meines Vaters.

Kurz vor Ostern kam einmal ein fahrender Händler durchs Dorf. Er hatte viele Zuckerhasen zu verkaufen. Auch im Tausch gegen Kleider. Meine Eltern waren irgendwo auf dem Feld. Ich sprang nach Hause und holte aus dem Schrank in der Bühne meines Vaters schwarzen Sonntagsanzug. Mit diesem ging ich zu dem Händler und bekam sehr viele Zuckerhasen dafür. Als mein Vater und meine Mutter nach Hause kamen und von meinem Tausch-handel erfuhren, schlugen sie die Hände über dem Kopf zusammen. Sie nahmen Geld und gingen dem Händler nach und lösten den Anzug wieder aus. Früher war es so, dass der Hochzeitsanzug ein Leben lang der Sonntags- und Festanzug war und blieb. Es wäre ein großer Verlust gewesen.

Die Nazizeit

war ja meine Kinderzeit. Ich kam 1939 mit sieben Jahre in die Schule. Als der Krieg aus war, war ich dreizehn Jahre alt. Wir lernten in der ersten Klasse noch die „Sütterlinschrift." Der erste Buchstabe war damals das - i -: „Auf ab auf, i-Dipfele drauf." Es war die Schreibweise mit den eckigen Buchstaben. Weil die jungen studierten Lehrer im Krieg waren, hatten wir immer nur ältere Lehrkräfte. Dazu kam, dass der unsinnige Krieg alle Rohstoffe benötigte. Wir hatten Mangel an Unterrichtsmaterial, Schreib-material, Papier. In der Unterklasse gab es nur die Schiefertafel mit Griffel zum Schreiben. Jeder Schüler hatte einen nassen Schwamm dabei, um das Geschriebene auszulöschen.

Von jeder einzelnen Person wurde von den Nazis das Letzte abverlangt. Spielte man nicht mit, dann war ja die Überwachung so toll organisiert, dass nichts geheim blieb. Da war in jedem Dorf der Ortsgruppenleiter. Der hatte wiederum seine Helfershelfer, die ihm alles zutrugen. Wenn jemand sich gegen das Regime aussprach, dann wurde er garantiert abgeholt. Es war ja eine totale Überwachung aufgebaut.

Hitlerjugend.

Wir Jungen kamen mit zehn Jahren zu der Hitlerjugend. Das hieß jede Woche einmal Dienst. Dieser war abends von sechs bis sieben Uhr angesetzt. Wir lernten dort „das Antreten", sich in Reih und Glied ausrichten, das Marschieren, erhielten theoretischen Unterricht in Volkskunde und über die arische Abstammung. Wir wurden voll auf das Nazi-Regime ausgerichtet. Es hatte für uns Jungs aber auch viel Positives, wir lernten Anstand und Ordnung. Wir waren weg von der Straße. Die Probleme, die die heutige Jungend hat, die gab es damals nicht. Wir lernten basteln und werken. Wir hatten einen Raum in Rudersberg, wo heute das Ratskaffee ist. Dort lernten wir, wie man einen Drachen, Schiffe oder ein Flugzeug baut. Wenn diese Geräte fertig waren, ging es hinaus ins Gelände, und man ließ die Drachen steigen oder die Flieger fliegen. Das ganze Material, das dazu benötigt wurde, erhielten wir kostenlos. Wir lernten Lieder singen, die wir beim Marschieren singen mussten. Wir machten auch Geländespiele. Wenn der Jungzugführer schrie: „Feindliches Flugzeug", dann ließen wir uns in den Straßengraben fallen.

*Mein
Dienst-Ausweis
mit Eintragung
zum Jungen-
schaftsführer.*

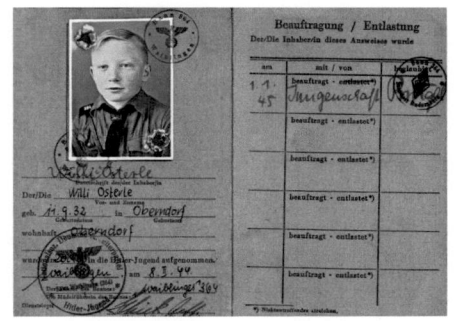

Anscheinend war ich ein aufgeweckter Kerle, denn ich wurde im zweiten Jahr zum Jungenschaftsführer ernannt. Ich erhielt als äußeres Zeichen eine rot/weiße Kordel, die von der linken Achselklappe in einem Bogen zum linken Knopf der Brusttasche ging. Wenn dann abends der Dienst anfing, dann sagte der Jungzugführer zu mir: „Lass antreten." Daraufhin stellte ich mich so hin, dass mir gegenüber der gewünschte Platz war, an dem der Jungzug stehen musste. Ich brüllte: „Jungzug drei, Achtung, in Linie zu einem Glied angetreten marsch, marsch." Nach dem „Achtung" musste jeder sofort still stehen, egal wo er gerade war. Die Jungs spielten ja irgendwie in der Gegend herum. Nach dem Kommando: „Angetreten marsch, marsch", mussten sofort alle springen und sich aufstellen. Alle waren schon so gedrillt, dass jeder wusste, wo er hinstehen musste. Der Größte an erster Stelle, alle anderen entsprechend der Größe, daneben.

Wenn alle standen, gab ich das Kommando „Durchzählen!" Dann schrie der Erste „eins" mit einer Kopfdrehung zum Nächsten, der Zweite „zwei" usw. bis alle durch waren. Der Letzte schrie seine Zahl und dazu „durch." Die letzte Zahl musste ich mir merken. Danach drehte ich mich zu meinem Jungzugführer um, schlug die Hacken zusammen, streckte den rechten Arm im Hitlergruß gerade nach vorne und meldete: „Jungzug drei mit vierzehn Mann angetreten." Er sagte dann: „Danke", und zur Mannschaft: „Rührt euch." Denn sie standen ja stramm, Füße zusammen, Zehenspitzen leicht gespreizt, die Hände an der

Hosennaht. Danach sagte dann der Jungzugführer, was an diesem Abend gemacht wurde.

Wir lernten auch und hatten die Genehmigung dazu, wenn abends an einem Haus die Fenster nicht gut genug verdunkelt waren, dort mit irgendwelchen Gegenständen ans Fenster zu werfen. Auch mussten wir die Plakate aufhängen, wo draufstand. „Der Kohlenklau geht um" oder „Achtung, Feind hört mit."

Es gab das W H W = Winterhilfswerk. Für diese Sache mussten wir sammeln. Es waren damals sehr harte Winter und das W H W benötigte für die Soldaten sehr viel warme Kleider usw. So wurde immer wieder das Volk aufgerufen, doch zu spenden. Die Nazis holten das Letzte aus allen Haushaltungen und Familien heraus. Als Schulkinder sammelten wir Brombeerblätter. Man musste sie trocknen und abliefern, alles für die Soldaten, für den Kampf bis zum „Endsieg." Die Hitlerjugend sammelte mit Büchsen für das Volksopfer Geld. Es gab als Radio den Volksempfänger. Das war ein Mittelwellenapparat. Da konnte, ja musste man die Hetzreden der Nazioberen anhören. Wir hatten kein Radio, dazu war kein Geld da. Das erste Radio kaufte ich mit meinem ersten Geld, das ich später verdiente. Für die letzten Monate gab es den Volkssturm. Zu diesem wurden die Jungen ab vierzehn eingezogen. Ich war am Ende des Krieges dreizehn und kam deshalb gerade noch drum herum: „Führer befiehl, wir folgen dir."

Die Luftangriffe auf die deutschen Städte waren ein grausames Schauspiel, das einem das Gruseln beibrachte. Wenn die Bomber-Verbände der Alliierten zufällig über uns hinweg flogen, dann wackelte die Erde von dem Gebrumm der viermotorigen Propeller-Bomber. In Pulks, je hundert Stück, in quadratischer Form, mehrere Wellen hintereinander, flogen sie über uns hinweg. Man bekam eine Gänsehaut, wenn man an die Vernichtungsgewalt der Bombenladungen dachte.

Als es dann auf Stuttgart ging, du liebe Zeit! Wir standen in der Nacht auf der Straße, und der Himmel in Richtung Stuttgart war taghell erleuchtet. Dazu das Blitzen und Donnern der Bomben. Ein grausames Schauspiel.

Wir hatten damals einen gewölbten Keller in der Bühlgasse, in dem hatten wir etwas Nahrung bereitgestellt. Auch waren zusätzlich extra tiefe Luftschutzkeller in den Berg gegraben worden. Wenn also Fliegeralarm war, dann heulte die Sirene. Die erste Sirene hatte der Ortsgruppenleiter, das war eine von Hand zu treibende. Diese stellte er mitten auf die Straße und fing an zu drehen. Später gab es die elektrische auf einem Hausdach. In jedem Ort heulte dann eine Sirene. Alarm war, wenn der Ton mehrmals auf und ab jaulte. Es war eine schauerliches Geheul, man konnte schon eine Gänsehaut davon bekommen. Entwarnung war, wenn die Sirene einen Dauerton von sich gab. Bei einem bestimmten Rhythmus der Töne war Gas-Alarm. Auch Gasmasken musste jeder Haushalt haben.

Die Amis kommen.
Als die Amis nicht mehr weit von unserem Dorf entfernt waren, nahm ich einen Spaten und machte hinter unserer Holzhütte eine tiefe Grube. Meine Mutter stellte einige Nahrungsmittel zusammen, tat diese in eine Kiste, und diese Kiste stellte ich in dieses Erdloch. Ich deckte das Ganze schön zu. Oben drüber legte ich wieder die grünen Wasen, so dass man die Stelle nicht erkennen konnte. Es sollte eine kleine Not-Verpflegung sein, für alle Fälle. Vorsicht war die Mutter der Porzellankiste.

Am Tag bevor sie in unser Dorf einfuhren, gab es Schießereien. Wir waren in unserem Keller in der Bühlgasse. Da hörte man immer wieder Gewehrschüsse und kleine Granaten irgendwo einschlagen, waren doch noch ein paar deutsche Soldaten in der Gegend, die noch an den Endsieg glaubten oder glauben mussten. Wenn sie desertiert wären, wären sie erschossen worden. Sie trugen nur dazu bei, dass in den letzten Tagen noch viel kaputt gemacht wurde. Retten konnten sie doch schon lange nichts mehr. Nachts fuhren dann die Amis ins Dörfle ein. Da ging dann ein Gebrumm los und morgens standen ihre Panzer, LKW und Jeeps in unserer

Dorfstraße. Deutlich habe ich das noch in Erinnerung. Als es hell wurde, spickte ich durch unsere Fensterläden hindurch auf die Straße. Dort gingen ein paar Amis aufeinander zu und begrüßten sich mit: „Good morning." Ich dachte bei mir, das ist ja fast Deutsch. Irgendwoher erhielten sie etwas zu essen.

Von den Menschen im Dorf traute sich niemand auf die Straße. Für uns war das ein großes Problem, mussten doch die Viecher mit Nahrung versorgt werden. Das Futter sollte aber mit dem Korb von der Scheune, zwanzig Meter entfernt, geholt werden. Vor jedem Haus war eine Miste, so auch bei uns. Da sahen die Amis schon, was für eine Wirtschaft bei uns war. Unser Haus war ein Doppelhaus, die Eingangstüren direkt nebeneinander. Die Türe unseres Nachbarn stand meistens ein wenig offen. Dagegen ging unsere sehr schwer zu öffnen, weil die Scharniere ausgeschlagen waren. Die Schnalle hing fest in der Schlossfalle und man musste die Türe etwas anheben, sonst ging sie nicht auf. Aus diesem Grund kam wahrscheinlich in unser Haus nie ein Ami herein. Vielleicht war es auch wegen des stinkenden Misthaufens und der alten wackeligen Türe. Es war gut so.

Weltkrieg und Russland.

Auch mein großer Bruder Karl, dessen abgetragene Kleider ich immer anziehen musste, ist in Russland gefallen. Die Information von diesem traurigen Ereignis war ein Fall, der an Gedankenübertragung, metaphysische Kräfte, über tausende von Kilometern anknüpft.

Am zehnten Februar 1945 morgens circa elf Uhr kam der Postbote und brachte einen Stapel zusammengebundener Briefe, die meine Mutter an meinen älteren Bruder nach Russland geschrieben hatte, als unzustellbar zurück. Das waren bestimmt Briefe von einem ganzen Jahr. Ich stand daneben. Ich war damals zwölfeinhalb Jahre alt. Beim Entgegennehmen der Briefe brach meine Mutter in einen Schrei aus: „Mei Bua, mei Karle lebt nemme, mei Karle lebt nemme" und weinte und schluchzte, wie ich sie noch nie erlebt hatte. Es war markerschütternd. Ich behaupte heute, dass mein Bruder seine letzten Gedanken in diesem Moment ausgesandt hatte, als er von einer Kugel getroffen wurde. In dem Moment, wie die Mutter die Briefe in Empfang nahm und sagte „Mai Bua lebt nemme." Dieses Erlebnis habe ich nie vergessen.

Circa vier Wochen später kam der Ortsgruppenleiter mit der offiziellen Mitteilung, dass mein Bruder Karl an eben diesem zehnten Februar, angeblich morgens mit einem Kopfschuss „für Führer, Volk und Vaterland" gefallen sei, als er einem anderen verwundeten Kameraden zu Hilfe kommen wollte. Weil die Truppe auf dem Rückzug war, vor dem Feind fliehen musste, hätte man seine persönlichen Sachen nicht mehr holen können. Gestorben für eine Wahnsinnsidee einiger weniger Verrückter und Machtbesessener.

Der gleiche Wahnsinn spielt sich auch heute noch jeden Tag irgendwo auf der Welt ab. Wenn man Bücher liest, wenn man die Bibel studiert, schon immer, seit es Menschen gibt, gab es die gleichen kriegerischen Auseinandersetzungen. Die Menschen schaffen es nicht, immer in Frieden miteinander zu leben. Es haben viele schon versucht, den Menschen zu verbessern. Alle großen Propheten, angefangen bei Moses, Buddha, Jesus, Mahatma Gandhi. In der Neuzeit Nelson Mandela. Sie alle predigten die Gewaltfreiheit. Als einziger hat Mohammed mit einer Heerschar Mekka zurückerobert. Oder die zehn Gebote. Es nützt aber alles nichts. Warum tut der Mensch das? Warum kann er nicht in friedlicher Existenz zusammenleben?

Lehre zum KFZ.-Handwerk.

Als ich mit vierzehn aus der Schule kam und ein Beruf für „den Kerle" gewählt werden musste, gab es für meine Eltern nur die Perspektive, mich Bauer werden zu lassen. Sie hatten im Welzheimer-Wald schon angefragt, ob ich dort bei einem Großbauern eine Lehrstelle haben könnte, und ich konnte. Durch das enge Eingebundensein in das kleindörfliche, bäuerliche Leben meiner Eltern war das Wissen um Berufe für mich sehr begrenzt, ich hatte keine andere Perspektive und willigte also ein, Bauer zu werden.

Nur irgendwie hatte es mir, wie auch vielen anderen jungen Leuten, die Technik, die Motoren, das Auto damals schon angetan. Wir jungen Leute wurden während des Krieges von Hitlers Kriegsmaschinerie und durch den Dienst in der Hitlerjugend auf die Technik vorbereitet. Wir lernten in Bastelabenden, wie man Flugzeuge baut. Dadurch wurden wir bewusst in die Richtung der Technik wie Flugzeuge, Panzer, Schiffstechnik, Lkw, Pkw oder Kradmelder, gelenkt.

Im Dorf hatte nach dem Krieg ein Schirrmeister der deutschen Wehrmacht eine Kfz.-Werkstatt angefangen. Er war Meister in der Instandsetzungskompanie gewesen. Schirrmeister kommt vom Geschirr auflegen und befestigen bei Tieren. (Wahrscheinlich ein Überbleibsel aus dem Ersten Weltkrieg.) Wenn wir zu Hause unsere Kühe vor einen Wagen spannten, dann legte man zuerst das Geschirr an und befestigte dann das Geschirr am Wagen. Auch im zweiten Weltkrieg wurden, wenn kein Benzin oder Kraftfahrzeuge da waren, Pferdefuhrwerke verwendet. Das war anscheinend sehr oft der Fall, vor allem in Russland, wo es noch sehr wenig befestigte Wege und Straßen gab. Dort konnten die Soldaten mit dem Pferdegespann oft am besten vorwärts kommen.

Nun, der Kfz.-Handwerksmeister hatte also eine Reparaturwerkstatt im Ort angefangen. Ich stand die letzten Monate der Schulzeit sehr oft bei ihm und sah ihm zu, reparierte er doch sehr oft auf der Straße. An einem schönen Tag fragte er mich, ob ich nicht wüsste, ob einer der Schulabgänger Lust hätte, Kfz-Mechaniker zu lernen. Ich überlegte und sagte, ich wüsste keinen. Jeder meiner Schulkameraden hatte schon eine genaue Vorstellung für seinen weiteren Werdegang. Aber ich hätte Lust, das zu lernen! Er sah mich an: „Ja, und willst du bei mir lernen?" Ich sagte: „Da muss ich jetzt zuerst meine Eltern fragen." „Na also, frag sie." Ich rannte nach Hause, fragte meine Mutter und meinen Vater. Beide meinten, sie hätten nichts dagegen. „Das musst du wissen, was du werden willst." Und ich sagte dem Meister zu.

So fing es also an, mein Leben mit dem Fahrzeug. Wir reparierten in dieser kleinen Werkstatt und in diesem kleinen Dörfle alles, vom Nachttopf, Bettflasche, Kochhafen, alles was aus Blech, Kupfer oder Zinn zum Löten oder Schweißen war. Dann Fahrräder, Motorräder, PKW, LKW. Motormäher, Schlepper. Man muss sich das vorstellen, es gab ja noch fast nichts. Da kamen Autos, die noch einen Rahmen mit Holzaufbau hatten. Alles, was irgendwie noch verwendbar war und den Krieg überlebt hatte, wurde aus den Schuppen und Scheunen gezogen. Man hatte ja kein Geld, kein Material, man musste immer und überall improvisieren.

Um eine Motorradkurbelwelle neu lagern zu lassen, setzte mich mein Chef mit einer Aktentasche, in der die Kurbelwelle war, in den Zug. Ich fuhr damit über Schorndorf, wo ich umstieg, nach Stuttgart Hauptbahnhof. Wieder umsteigen in die Straßenbahn nach Stgt.-Heslach zur Kurbelwelleninstandsetzungsfirma. Nach einer Woche konnte man sie wieder holen, wieder auf dem gleichen Wege.

Da passierte es mal, dass ich eine Kurbelwelle geholt hatte. Als zu Hause mein Meister diese aus der Tasche nahm, war die Kurbelwelle in zwei Teilen. Der Hubzapfen war gebrochen, ein Bolzen mit circa fünfundzwanzig Millimeter Durchmesser aus hochwertigem Stahl. Mein Meister verschimpfte mich nach Strich und Faden, ich hätte die Welle fallen lassen usw. Ich war mir absolut keiner Schuld bewusst. Am andern Tag, nachdem der Meister darüber geschlafen, richtig darüber nachgedacht und mit der Kurbelwellen-Instandsetzungsfirma gesprochen hatte, kam er zu mir und meinte: „Du hast doch recht, selbst wenn du sie auf den Boden geworfen hättest, dann hätte der starke Bolzen nicht abbrechen dürfen. Es hätte höchstens eine Unwucht geben dürfen." Entschuldigt für seine bösen Worte hat er sich nicht. Also, dasselbe von vorn. Wieder nach Stuttgart. In der Firma hatte man zugegeben, dass eventuell durch falsches Härten des Bolzens eine Spannung ins Materialgefüge gekommen war, die die Welle zum Brechen veranlasst hatte.

Die Werkstatt

war von meinem Meister gepachtet, sie befand sich im Erdgeschoss eines Wohnhauses, direkt an der Dorfstraße. Ein Ausstellungsraum war auch vorhanden. Das Ganze war jedoch nach heutigen Kriterien eine dürftige Angelegenheit. Der Raum war ziemlich dunkel, über der Werkbank hing nur eine Lampe mit Blechschirm, mit einer Glühbirne, die ein dürftiges Licht zum Arbeiten hergab. In der dunkelsten Ecke war der Schweißtisch.

An einer anderen Wand war eine Tür zum Keller des Hausbesitzers. Das Büro war ein Behelfstisch mit einem Pult mit Klappdeckel, in diesem war die Kasse. Zur Toilette mußte man einen Stock höher in die Wohnung des Besitzers gehen. Der Besitzer durfte sein Handwerk nicht mehr ausüben, weil er Ortsgruppenleiter von der ganzen Gemeinde gewesen war. Er wurde entnazifiziert und war lange im Gefängnis deswegen.

Der Milchholer.

Ich erinnere mich, dass das früher ein Bauer mit seinem Pferd durchführte. Er fuhr durch das Dorf und sammelte die Milchkannen ein. Sie waren zwei Originale, das Pferd und der Bauer, die miteinander alt geworden waren. Auf dem Rückweg machte der Bauer immer im Gasthaus zum „Löwen" beim Katzenwadel Halt und vergaß wahrscheinlich oft seinen Wagen mit Pferd.

Dieses stand geduldig mit hängendem Kopf und wartete. Wenn dann der Herr kam, brauchte er nur „Hü" zu sagen, und das Pferd ging langsam nach Hause und blieb direkt vor seiner Stalltüre stehen. Wenn es dem Pferd aber manchmal zu lange dauerte, kam es auch vor, dass es alleine nach Hause ging und der alte Bauer zu Fuß den Heimweg suchen musste.

Wenn der Besitzer der Werkstatt in den letzten Jahren des Nazisystems als Milchabholer und Ortsgruppenleiter mit einem selbst umgebauten PKW mit Pritsche durch den Ort fuhr, dann standen die Kinder immer am Straßenrand mit erhobenem Arm und schrien laut „Heil Hitler." Er strahlte dann über beide Backen, hob oft beide Arme zur Antwort und nickte strahlend mit dem Kopf. Ich lernte ihn als offenen, gern diskutierenden freundlichen Menschen kennen, ebenso seine Frau, eine sehr nette, entgegenkommende Frau, eine Seele von Mensch. Sie hatten keine Kinder. Wenn Backtag war, dann gab es immer den obligatorischen Salzkuchen. Wenn sie bei der Fasnacht Fasnetsküchle backte, dann gab es immer ein Versucherle. Auch an Weihnachten oder an einem Geburtstag kamen immer kleine Leckerbissen überraschenderweise in die Werkstatt herunter. Nach der Entnazifizierung war der Hausbesitzer während der letzten Monate meiner Lehrzeit auch wieder zu Hause und konnte seiner Landwirtschaft nachgehen. Er hatte sich geschworen, nie mehr in eine Partei einzutreten. Aber die Ideologie des Naziregimes, das in den dreißiger Jahren jedem Deutschen wieder Arbeit und Brot gebrachte hatte, vertrat er eisern in langen Diskussionen mit meinem Lehrmeister.

Die Arbeiten, die in der Werkstatt anfielen, waren in der Hauptsache viele Kleinigkeiten, die beim Alltag im Haushalt oder bei der Arbeit in den kleinen, bäuerlichen Betrieben anfielen. Nur langsam kamen die Motorräder und Autos wieder zum Vorschein. Es waren alles Vorkriegsmodelle, die meistens irgendwo in einem Schuppen oder einer Scheune unter Heu und Stroh versteckt, den Wahnsinn überstanden hatten. In den letzten Kriegsjahren wurde doch alles, was zur Mobilität beitragen konnte, vom Volkssturm eingezogen. Das konnten Pferde, Traktoren, Fahrräder, Motorräder, Autos sein. Ja, selbst Leiterwagen wurden nicht verschont.

Der Schwarzhandel.

Etwas Neues gab es 1947 noch nicht zu kaufen. Da tauchten Motorräder auf, diese wurden oft auf einem Leiterwagen angeliefert. Da hing noch Heu, Stroh, Spinnweben und Staub überall herum. Diese Apparate wieder zum Laufen zu bringen war oft ein Geduldsspiel von Wochen, weil es ja noch keine Ersatzteile gab. Improvisieren war da angesagt. Wie überhaupt in dieser Zeit der Tauschhandel, der Schwarzhandel ganz groß geschrieben wurde. Ohne diese uralte Form des Handels wäre für viele das Überleben schwierig gewesen. Das Geld, die Deutsche Reichsmark, hatte ja auch keinen Wert mehr. So war die Regel, dass zu einem Ersatzteil oder einer Arbeitsleistung zum offiziellen Preis noch eine Leistung in Nahrung geliefert werden musste. Helf ich dir, hilfst du mir! Für die größeren Bauern aus dem Welzheimer Wald war das kein Problem. Da war dann immer irgendwo eine Flasche Schnaps, da gab es mal ein großes Stück geräuchten Schinken oder auch Butter, Mehl, Schmalz.

Eine Hauptaufgabe war Fahrräder flicken. Es gab damals bestimmt keinen Schlauch, der nicht mehrmals geflickt war. Neue Teile gab es nur auf Bezugsschein. Wenn die Reifen durchgefahren waren, wurde von einem alten, noch brauchbaren Reifen ein Stück abgeschnitten und der defekte Reifen damit überlegt oder unterlegt. Wenn dann an einem Rad mehrere solche Über- oder Unterlegstellen waren, dann war das ein ständiges Hoppeln. Es gab damals noch die Wulstreifen. Diese hatten außen keinen Stahldraht als Halt auf der Felge, sondern eben einen etwas dicken Wulst. Räder einspeichen oder Speichen erneuern und zentrieren war eine Hauptarbeit.

Einmal wollte jemand etwas Fahrrad-Öl kaufen. Wir hatten dazu in dem kleinen Ausstellungsraum einen Behälter von circa zehn Liter Inhalt. An einem Schauglas konnte man sehen, wie viel

66

noch im Behälter war. Weil der Chef sich gerade mit einem Kunden unterhielt, schickte er mich, einem anderen Kunden, der ein Fläschchen mitgebracht hatte, dieses mit Öl zu füllen. Weil ich nicht wusste, was das Gläschen Fahrradöl kostete, hielt ich es oben am Verschluss fest und zeigte es meinem Chef. „Was kostet das?" Er schaute es sich ein paar Sekunden an. Weil das Gläschen vom Öl schlüpfrig war, rutschte es mir in diesen Sekunden aus den Fingern und fiel im freien Fall Richtung Boden. Ich erschrak, ging in die Knie und konnte das Fläschchen zwanzig Zentimeter vor dem Boden mit der rechten Hand wieder schnappen. Mein Chef drehte sich um und sagte nur: „Mann o Mann, fünfzig Pfennige."

Was PKW anbelangte, da kamen Horch, Adler, DKW Autos, zum Teil noch mit Holz in der Karosserie. Wenn die Motoren ausgelaufen waren, dann wurden diese ausgebaut, zerlegt, mit Benzin gewaschen und nach Stuttgart in eine Zylinderschleiferei gebracht. Dort wurden sie ausgehohnt, gelagert, neue Kolben eingebaut und in der kleinen Werkstatt wieder ins Fahrzeug eingebaut. Zum Einbauen hatte man einen Flaschenzug auf drei Pfosten. Die Werkstatt war leider so klein und niedrig, dass die meisten Reparaturen auf der Straße vor der Werkstatt ausgeführt wurden. Das war im Winter und bei schlechtem Wetter natürlich nicht angenehm.

Schmutzige Arbeit.
Die Arbeit war so schmutzig, dass die Hände nie richtig sauber wurden, dass am Ende einer Woche der Arbeitsanzug vor lauter Dreck und Ölspeck fast alleine stehen konnte. Wie meine Mutter diese Anzüge immer wieder sauber bekam, das ist ein Wunder. Es gab keine Waschmaschine, keine Waschmittel, nur Kernseife und dazu eine Bürste. Damit musste sie solange reiben, bis der Schmutz weg war.

Es gab ein Waschhaus zwei Kilometer entfernt im Nachbarort. Dort musste man sich anmelden und am bestimmten Tag, zur bestimmten Uhrzeit mit der Wäsche und einer entsprechenden

Menge Holz als Brennmaterial ankommen. Die ganze Wegstrecke wurde zu Fuß mit einem Handleiterwagen zurückgelegt.

Das Reinigen von Motorenteilen machte man mit Waschbenzin. Dieses leerte man in eine Schüssel. Dann stellte man noch eine große Wanne auf den Fußboden und mit einem Pinsel und dem Benzin wusch man die Teile sauber. Natürlich war es immer die Arbeit des „Stifts" = Lehrlings, der diese dreckige, stinkende Arbeit erledigen musste. Diese Art von Reinigung ist heute restlos verboten, weil durch das Einatmen der giftigen Dämpfe gesundheitliche Schäden entstehen. Gott sei Dank, dass damals meine Eltern noch eigene Kühe und damit eigene Milch hatten. Die trank ich schon immer gerne. Abends zum Vesper trank ich immer einen Liter kuhwarme Milch. Wahrscheinlich half mir diese tägliche Ration Milch, diese giftigen Dämpfe ohne gesundheitliche Schäden zu überstehen. Auch der Sport wird dazu beigetragen haben.

Am Ende der Lehrzeit hatte ich erst den Dreh heraus, wie man sich vor diesem intensiven Dreck schützen konnte. Ich schmierte, wenn besonders schmutzige Arbeit anstand, vorher meine Hände mit neuem Motoröl ein. Die Hände waren dann mit einem feinen Schmierfilm überzogen und der ekelhafte Schmutz konnte nicht so tief in die Poren eindringen. Ganz schlimm war es, wenn ein Holzgasauto keine Leistung mehr hatte, weil die Ansaug- und Auspuffkanäle zugewachsen waren. Das war fast purer Teer. Diesen Dreck zu entfernen, dazu benötigte man meistens einen Tag.
Die Ventile wurden in eine Bohrmaschine eingespannt. Bei laufender Bohrmaschine konnte so der Dreck, eine Verbindung aus Ruß und Teer, mit einem Dreikantschaber entfernt werden. Anschließend noch ein Glaspapier oder Schmirgelleinwand, dann war die Oberfläche wieder so, dass die Luft wieder in den Zylinder gelangen konnte. Die größte Drecksarbeit war, die Kanäle im Zylinderkopf zu reinigen. Dort musste in mühsamer Arbeit mit einem Kratzer die angelagerte Schicht entfernt werden. Im Auspuffrohr konnte der Schweißbrenner und Pressluft zu Hilfe genommen werden. Man ließ die Flamme des Schweißbrenners

solange in das Rohr leuchten, bis die Teer-Ruß-Verbindung anfing zu brennen, dann blies man reine Luft hinein und der Teer verbrannte dann mit einer schwarzen Rauchwolke von selbst. Durch Klopfen fiel dann der Dreck vollends heraus.

Das Reizvolle für einen jungen Mann war natürlich das Spiel mit dem laufenden Motor. Das fing damit an, den Leerlauf einzustellen. Dabei musste man ganz mit Feingefühl die Schraube drehen und genau auf den Motor, die Zündfolge, die Drehzahl hören. Dann kam das Beschleunigen, die Gasannahme. Wenn man den Wagen oder das Motorrad fuhr, durfte hinten die schwarze Wolke von unverbranntem Kraftstoff nicht zu groß sein. Junge, Junge, waren das Zeiten! Es kommt einem im Vergleich zu heute vor, wie wenn es die Steinzeit im Motorenbau gewesen wäre.

(Die Steinzeit war es auch. Meine spätere Arbeit, nach 1970, im Motorenversuch beim Daimler, gab mir Kenntnisse über Abgas, Verbrauch, Leistung, die tatsächlich Welten davon entfernt waren.)
Das Fahren mit dem Auto lernte ich auf dem Dreirad meines Meisters. Das war sein erstes Auto. Es hatte vorne zwei Sitze. In der Mitte, zwischen den Sitzen, war der Motor. Zweitakt, 200 ccm. Hinten war nur eine Pritsche. Dieses Auto war hinter dem Haus in einem Schuppen geparkt. Wenn mein Chef fortfahren wollte, gab er mir die Schlüssel und ich musste das Dreirad rückwärts in einer S-Schleife heraus fahren. Mein Lieber, da war Kupplungsgefühl angesagt. Ein bisschen zu wenig Gas und schon stand der Motor. Heizung hatte dieses Vehikel auch nicht und auch keinen Scheibenwischer. Im Winter musste man angezogen sein wie auf dem Motorrad, nur ohne Brille.

Den Führerschein

für das Auto, machte ich mit nur einer Fahrstunde. Der Fahrlehrer war Kunde bei uns mit seinem Motorrad. (Ich hatte bei ihm zwei Jahre vorher den Motorradführerschein gemacht.) Um den Führerschein für das Auto zu machen, meldete ich mich bei ihm an. Zwei Tage vor der Prüfung sagte er: „Also, ganz ohne deine Fahrkünste zu sehen, kann ich dich nicht zur Prüfung nehmen."

Wir fuhren eine Stunde mit einem VW-Käfer durch die Stadt. Zur Prüfung hatte er einen neuen Opel-Rekord bekommen. Diesen musste ich von Welzheim nach Lorch überführen und damit die Prüfung ablegen.

Geschwindigkeitsrausch.

Die Probefahrten waren immer etwas Reizvolles, Prickelndes, nicht nur wegen der Technik, ob das Reparierte auch in Ordnung wäre. Nein, es war das Fahren, das Erleben der Geschwindigkeit, das Spiel mit dem Wind, mit dem Motorrad. Da wurde eine 350-ccm-Viertakt, englische Velocette angeliefert, auch sie noch behangen mit Heu und Stroh, aus dem hintersten Winkel der Scheune herausgezogen. Diese sollte angeblich vor dem Krieg auch bei Straßenrennen gelaufen sein.

Am Ende der Lehrzeit durfte ich auch diese mal probefahren. Das war für mich das Höchste der Gefühle. Dieser knallharte Sound, diese Beschleunigung, diese Geschwindigkeit. Auf der zwei Kilometer langen Geraden bis zum nächsten Dorf mit Vollgas entlang sausen, da flatterten die Haare im Wind, den Monteurkombi blähte es auf, im Geist fing ich an zu pfeifen und zu singen. Am liebsten hätte ich eine große Schleife über verschiedene Ortschaften gezogen, aber konsequent wie ich war, tat ich es nicht, denn zu Hause wartete ja der Meister auf mich. War es doch überhaupt eine große Geste vom Chef, mich mit diesem Super-Motorrad fahren zu lassen.

Beim Auto war es der Genuss, vor Wind und Wetter geschützt zu sein. Heizung gab es bei den ersten Fahrzeugen noch nicht. Man hatte einen dicken Mantel an. Scheibenwischer hatten nur die teuren Wagen. Man musste ab und zu aussteigen und mit einem Lappen, Schwamm und Wasser die Scheibe wieder durchsichtig machen.

Die erste Gehirnerschütterung.

Eine andere Probefahrt hatte es auch in sich, mit einer 500-ccm-NSU Baujahr 1938, Handschaltung am Tank, vorne eine Trapezgabel-Federung, hinten starr. Mit dieser ging die Fahrt den Berg hinauf Richtung Mannenberg, auf der ungeteerten, kurven-reichen Schotterstraße. Die Probefahrt galt der Motoreinstellung und musste somit mit voller Leistung gefahren werden. Bergauf zeigte sich, dass die Einstellung in Ordnung war. Bergab kam das Malheur. Es war in der vorletzten Linkskurve. Wieso und warum wusste ich danach nicht mehr und es ist auch später in mein Gedächtnis nicht wieder zurückgekehrt.

Als ich wieder zu mir kam, lag ich in der Wiese neben der Straße. Die Maschine lag im Straßengraben. Die Schädeldecke und die Schulter taten mir weh, aber ich hatte keine offenen Wunden. Ich versuchte, die Maschine auf die Straße zu bringen. Das ging aber nicht, denn ein starker Schmerz in der rechten Achsel ließ das nicht zu. Nun, als Sportler (Handballspielen und Turnen) gab ich nicht so schnell auf, war doch durch das stetige Training eine gehörige Portion an Muskelkraft vorhanden. Mit der linken Hand und „Hau Ruck" gelang es mir nach einigen Bemühungen, die Maschine auf die Straße zu stellen. Zum Anwerfen, das heißt ankicken mit dem Kickstarter, reichte es allerdings nicht mehr. Das Glück war mir jedoch hold, denn es ging ja bergab.

Diese Bergabstrecke führt bis ins Dorf hinein und der Schwung reichte sogar bis direkt vor die Werkstatttüre. Ich wollte die Maschine auf den Ständer stellen. Das ging aber mit einem Arm nicht mehr, so schaute ich hilfesuchend zum Meister. Der hatte mich gesehen und auch festgestellt, dass etwas nicht stimmte. Er half mir, die Maschine auf den Ständer zu stellen und fragte: „Was ist los?" Ich sagte: „Ich weiß es nicht mehr." Darauf wurde mein Meister böse und sagte: „Das gibt es doch nicht, Kerle du musst doch wissen, was passiert ist." Ich versuchte alles zu re-kapitulieren, konnte aber nichts mehr in meinem Gedächtnis abrufen, außer, dass ich in der Wiese gelegen bin. Ich wusste einfach nichts mehr und sagte das auch noch einmal. Der Meister wurde nun erst stutzig. Das war was Größeres. „Fehlt dir sonst noch etwas?" Ich: „Ja da oben tut es weh" und deutete auf meine Achsel. „Also los", meinte der Meister „sofort zum Arzt."

Ich ging nach Hause, zog meinen Arbeitsanzug aus und Straßenkleidung an. Dabei musste mir natürlich meine Mutter schon helfen. Dann fuhr ich einarmig mit dem Fahrrad zum Arzt. Dieser stellte eine Gehirnerschütterung und einen Achselstegbruch fest. Für die Gehirnerschütterung verordnete er Ruhe, und für den Bruch macht er einen Achselstegverband. Das war ein Strumpf gefüllt mit Watte, der um beide Achseln geschlungen wurde und hinten übers Kreuz zusammenge-bunden. Das hatte den Zweck, dass der gebrochene Achselsteg nicht übereinander rutschte und somit seine normale Länge beim Zusammenwachsen behielt. Dieser Rucksackverband mußte drei Wochen dran bleiben. Es war eine unan- genehme Angelegenheit beim Schlafen. Ich konnte nicht auf dem Rücken liegen.

Die Ursache des Unfalls konnte ich mir nur so erklären: Ich war zu schnell für die Kurve gewesen, kam an den Rand der Straße, dort am Rand lag loser feiner Schotter, auf dem die Reifen keinen Halt mehr finden konnten. Vom Schotter auf das Gras-bankett und dann in den Straßengraben. Ich nehme an, dass mich der Hoppler über das Bankett abgeworfen hat und ich mit dem Kopf voraus auf der Wiese gelandet bin. Zum Glück war der Boden etwas weich gewesen, sonst hätte es wahrscheinlich viel schlimmer ausgehen können. Sturzhelme gab es damals noch nicht. Da hatte man, wenn man größere Strecken fuhr, eine warme Kappe aus Leder auf dem Kopf.

Montage auf der Straße.
In dieser kleinen Straßenrand-Werkstatt gab es natürlich auch keine Montagegrube. Man stellte den Wagen auf dreifüßige Böcke und rutschte dann mit einer Rutsche auf dem Rücken liegend unter das Auto. Ganz gleich, ob das nun war um festzustellen, was kaputt war, oder war es um die Bremsen einzustellen, Aus-puffanlagen instandzusetzen, Roststellen zu suchen. Kam man dann von dieser Tauchstation wieder zum Vorschein, dann war es normal, dass man Dreck in den Augen hatte und der Arbeitsanzug irgendwo beschmiert war. Denn wenn ein Motor,

Getriebe oder eine Hinterachse undicht war, tropfte einem das Öl auf den Anzug oder ins Gesicht. Eine Drecksarbeit.

Die meisten Vorkriegswagen hatten noch keine hydraulische Bremse, sondern Bremsseile zu allen Rädern. Diese Bremsen so einzustellen, dass alle Räder gleichmäßig bremsten, war eine große Kunst. Die Straße außerhalb des Ortes war gezeichnet von diesen Bremsproben. Man brachte den Wagen aus mäßiger Fahrt mit quietschenden Reifen vollständig zum Halten, stieg aus und begutachtete die Bremsspuren und die Richtung, in die der Wagen stand. Meistens stand er mehr oder weniger schräg auf der Straße. Nach diesem Test machte man danach noch eventuelle Korrekturen in der Einstellung.

In den letzten Monaten, in denen ich bei meinem Lehrmeister war, reparierten wir auch einen LKW-Motor. Natürlich auf der Straße. Der Zylinderkopf war abgebaut worden, um die Ventile neu einzuschleifen, weil es ein Holzvergaser war, aber auch um die Kanäle wieder sauber zu machen usw. Der Besitzer wollte am folgenden Tag unbedingt wieder fahren. Aus diesem Grund arbeiteten wir bis spät abends und als es schon dunkel war. Vorher hatten wir noch gevespert, mit roter Wurst, Brot und Bier, das der Wagenbesitzer organisiert hatte, damit wir ihn nicht im Stich ließen. Also waren wir frisch gestärkt mit Speise und Trank, in dem etwas Alkohol war. Ich war gerade dabei, die Zylinderkopfschrauben festzuziehen. Scheinbar hatte ich zu viel Kraft in den Armen, denn beim Festziehen einer Schraube gab es plötzlich einen Knall, und der Schraubenbolzen war ab. Junge, Junge da kam plötzlich eine Ernüchterung. (Dies kann heute nicht mehr passieren, weil jede Schraube mit einem vorgegebenen Drehmoment angezogen wird. Das exakte Maß kann an einem Drehmomentschlüssel eingestellt werden.) Was tun? Es blieb nichts anderes übrig, als den Zylinderkopf dieses Sechszylinders wieder abzubauen, und das abends auf der Straße, als es schon dunkel war. Mein Chef und der Besitzer bissen auf die Zähne und drehten aus Ärger einige Runden um das Auto. Dann gingen sie in die Wirtschaft vis-a-vis und tranken einen Schnaps.

Danach sagte er:

Dasselbe von vorn, nicht zur Strafe, nur zur Übung."

Das war einer der vielen ironischen, lustigen Sprüche, die mein Meister immer auf Lager hatte.

Den Zylinderkopf wieder abbauen, das war alles nicht so einfach mit den Dichtungen, die man mit Dichtungsmasse montiert hatte, dann den Rest der Schraube, sprich Stehbolzen herausholen. Wir hatten Glück und konnten den abgebrochenen Rest mit List und Tücke herausdrehen. Da kein Originalteil vorhanden war, musste ein neuer zuerst von einer Schraube angefertigt werden, danach erst konnten wir dann alles wieder montieren. Das Ganze am Straßenrand, mit einer Beleuchtung, (Handlampe, Taschenlampe), die einiges zu wünschen übrig ließ. Nachts um vierundzwanzig Uhr waren wir dann fertig.

Weitere Sprüche von meinem Meister:

„Kotz donnter lang mr nonter,"

„Jo, jo dr Moischter wär schau recht, aber d`Moischdere des Lombadir."

Berufsschule.
In die gewerbliche Berufsschule musste ich nach Stuttgart-Bad Cannstatt. Vom Bahnhof aus lief man zu Fuß circa zwanzig Minuten. Es ging quer durch die Altstadt über den Neckar, bis zu den Weinbergen, dort die Treppen hoch. In einem alten größeren Gebäude waren die ersten Unterrichtsstunden. Schulgebäude waren noch Mangelware. Zuviel war in den Kriegsjahren kaputt gemacht worden. Später zogen wir um in ein anderes Gebäude. In diesem mussten wir im Werkstattunterricht als erste Arbeit ausgebrannte Drehbänke, Fräsmaschinen, überhaupt alles Werkzeug, mit dem wir Lehrunterricht haben sollten, sauber machen, entrosten, damit Unterricht in mechanischer Werkstattarbeit erteilt werden konnte.

Manchmal war nachmittags keine Schule. Dann fuhren wir nach Stuttgart hinein, bummelten über die Königstrasse und sahen uns die Schaufenster an, die aus Schutt und Asche langsam wieder zum Vorschein kamen. Hinter diesen Schaufenstern waren als Gebäude nur Bretterbuden. Es gab auch noch sehr viele Ruinen. Wir suchten dann ein Kino oder Café. Im Café bestellten wir eine Limonade, grün gefärbtes Wasser und einen Apfelkuchen. Für diesen Apfelkuchen mussten wir zehn Gramm Brotmarken hergeben, sonst hätten wir gar nichts bekommen. Es war ja alles noch rationiert. Als Lehrlinge bekamen wir eine extra Portion Brotmarken zugeteilt, diese gab mir meine Mutter mit. Erst nach der Währungsreform, bei der die Reichsmark abgeschafft wurde und die D-Mark kam, konnte man ohne Brotmarken einen Kuchen kaufen.

Eine Begebenheit in der Lehrwerkstatt.
Man hatte ja keine Zentralheizung, nur einen Ofen in der Mitte der Werkstatt. Diesen heizte man mit Kohlen und zum Anfeuern wurde Holz genommen. Damit das Holz schnell Feuer fing, tunkte man einen alten Putzlappen oder Putzwolle in Öl, stopfte es in den Ofen und zündete es an. So geschah es einmal, dass ich eine Handvoll Putzwolle mit Altöl getränkt hatte, dieses in den Ofen stopfte und anzündete. Es brannte aber nicht gleich richtig. Also nochmals anzünden. In der Zwischenzeit war einiges an Dampf und Qualm den Schornstein hoch gegangen. Beim zweiten Anzünden qualmte es wieder und fing dann richtig Feuer. Dann – ein paar Sekunden später – machte es einen gewaltigen „Wuff." Der Qualm kam rückwärts zum Ofen raus und drang aus allen Fugen. Eine Minute später kam „s`Rigele" schimpfend die Treppe herunter. „Ihr Teufel, wollt ihr`s Haus in die Luft sprengen?" Der „Wuff" hatte in ihrer Küche das Rohr vom Herd zum Schornstein weggedrückt und sehr viel Ruß in der ganzen Küche verteilt.

In dieser Zeit bot mir mein Meister auch das „Du" an, waren wir doch nicht nur bei der Arbeit zusammen, sondern auch Mittwochabends beim Schachspielen. Auch das Schachspielen hat mich mein Chef gelehrt. Wir spielten regelmäßig in einer Gaststätte und waren eine Gruppe von circa zehn Spielern.

Mit Ende der Lehrzeit

eröffnete mir mein Chef und Meister „Willy, ich kann mir hier keinen Gesellen leisten. Ich bitte dich, suche dir einen anderen Arbeitsplatz." Als Empfehlung gab er mir an, ich solle versuchen, zum Daimler zu kommen. Das ging aber nicht so einfach. Auch dort standen jeden Tag die Menschen Schlange vor dem Tor, und so wie man Leute benötigte, wurden sie eingestellt. Ich besprach dies mit einem Handball-Freund, der in einer Werkstatt im Nachbarstädtchen arbeitete. Dort suchte man einen Kfz.-Monteur. Er knüpfte den ersten Kontakt und ich bekam eine Einladung zur Vorstellung bei seiner Firma.

Minderwertigkeitskomplexe.

Ich wurde eingestellt. In dieser Werkstatt war viel Arbeit ähnlich der, die ich gelernt hatte mit Fahrrädern, Motorrädern, PKW´s und auch mit Schleppern. Die Hauptregie führte dort die Chefin, ein energisches Weib. Ich war sehr lernbegierig, kannte aber viele Fabrikate nicht, weil ich an diesen noch nie gearbeitet hatte. So dauerte es gerade eine Woche, bis ich frustriert nach Hause kam. Jeden Tag machte ich etwas falsch. Man zeigte mir auch nicht, wie es richtig hätte gemacht werden sollen. Der Chef zeigte es mir nicht, er verseckelte mich nur. Dazu kamen die Giftpfeile der Chefin. Nach zehn Tagen war ich so deprimiert, dass ich nicht mehr ein und aus wusste. Ich war fertig, konnte nicht mehr schlafen, mir rannen abends die Tränen vor Enttäuschung herunter. Ich wollte doch alles richtig machen, aber dazu musste man es mir doch zeigen. Es gibt doch keinen Menschen, der alle Motoren und Autos kennt. Ich wollte doch nichts falsch machen. Diese Erniedrigungen, dieses jeden Tag als Nichtsnutz und Taugenichts hingestellt zu werden. Ich war doch mit Leib und Seele bei meiner Arbeit gewesen. Mein Chef und Lehrmeister musste mich immer abends nach Hause schicken, weil ich oft von selbst nicht gegangen wäre.

Nach zehn Tagen ging ich zum Chef und sagte zu ihm: „Es ist besser für mich, wenn ich nicht mehr komme." Er meinte auch spontan, ja das finde er auch. Seine Frau tat natürlich auch noch ihren Senf oben drauf. So war dieses Gastspiel genau zwei Wochen alt geworden. Mir fiel ein Stein vom Herzen.

Ich erzählte alles meinem früheren Meister. Der schüttelte nur den Kopf. Er meinte, er habe schon gehört, dass dieses Weib nicht gerade zimperlich sei, aber so schlimm habe er sich das nicht vorgestellt. Und hier passt wieder ein Spruch von ihm. Ein Stift (Lehrling) sei gefragt worden, wie es ihm gefalle. Da habe er geantwortet: „Jo, jo dr Moischter wär schau recht, aber d`Moischdere, des Lombadir." Bei diesem Gespräch kam er wieder auf den Daimler zu sprechen.

Er hatte schon mit seiner Schwester gesprochen, die auch dort arbeitete. Dann kamen wir auch auf Adolf Übele zu sprechen, der hier im Dorf wohnte und schon vor dem Krieg bei Daimler arbeitete. Zu ihm sollte ich gehen, und ich tat es. Er war im Motorenversuch. Aber so einfach sei es nicht, denn wie oben schon erwähnt, gab es viele Menschen, die Arbeit suchten. Primär wurden Männer mit Familie eingestellt. Da müsse ich Geduld haben. Ich hatte sie. Die Bäume meiner Eltern waren schon lange nicht mehr ausgeschnitten worden. An diesen gab es viel Arbeit mit Rebschere und Säge.

Arbeitslos.
Lange dauerte es. Drei Monate ohne Arbeit, ohne Lohn. Obwohl ich keine Arbeit und somit kein Geld hatte, Arbeitslosengeld gab es damals noch nicht, war ich wieder ein freier Mensch. Es waren die Monate, Januar, Februar, März, das Wetter nicht schlecht, da meinte meine Mutter, dann könnte ich ja die Bäume schneiden. Mein Vater war ja schon über siebzig Jahre alt gewesen und an den Bäumen war schon einige Jahre nichts mehr gemacht worden. Das war eine herrliche Zeit oben im Wengert, in den Streuobstwiesen, im Vorfrühling, hoch oben auf den Bäumen herumkrebseln. Das war ganz nach meinem Geschmack. Dort bekam ich wieder Lebensfreude, so dass ich mein altes, kleines Liedchen wieder sang: „Vöglein im hohen Baum, klein ist, man sieht es kaum, singt doch so schön . . . " und die Singvögel sangen mit mir um die Wette.
Das Bäumeschneiden hatte ich noch nicht gelernt, so sägte ich halt alles ab, von dem ich dachte, dass es nicht hingehörte. Wenn

die Sonne an den früheren Wengerts-Buckel schien, war es wunderbar warm, wurde doch bis circa 1900 noch Wein angebaut.

Sport während der Lehrzeit.

In dieser Zeit war ich ein ehrgeiziger Junge geworden. Wenn es irgendwo etwas zu springen und zu laufen gab, dann setzte ich alle Energie ein, um gut abzuschneiden. Meine impulsive, lebendige Art war es wahrscheinlich auch, dass mir der Pfarrer als Konfirmationsspruch folgenden Text gab: „Sei stille und erkenne, dass ich Gott bin."

Wobei ich glaube, dass er den Hauptsinn auf Stille, Ruhe gelegt hat. Wollte er mich etwas bremsen?

Ich engagierte mich im Turnverein mit Leib und Seele. Da gab es Theater spielen, Bodenturnen, Geräteturnen, Ballspiele, Gewichtheben. Sogar Boxen wurde ausprobiert. Aber Boxen war mir zu hart, für diesen Sport war ich nicht geeignet. Schlägereien war ich schon immer aus dem Weg gegangen. Wenn zu den Festen, wie Winterunterhaltung oder Weihnachtsfeiern, Theater gespielt wurde, holte man mich auch dazu.

Es war eigentlich eine sehr schöne Zeit, sehr abwechslungsreich und doch familiär. Das ganze Dorf kannte sich, jeder sagte zum anderen „Du" und jeder sagte zum anderen „Daag" = „Guten Tag", oder „Grüß Gott." Wenn man ging, sagte man „Ade." Dieses Ade scheint ein im Dialekt abgewandeltes „A Dieu" zu sein, was französisch ist und wiederum „Geh mit Gott", heißt. Napoleon, als er nach Russland zog und dabei notgedrungener Weise durch das Schwabenland ging, muss diese Wörter hier gelassen haben.

Handball.

Als eine Handballgruppe gebildet wurde, war ich von Anfang an mit Feuer und Flamme dabei. Die Handballgruppe in dem kleinen Turnverein bekam bald Zulauf von den Nachbarorten und es bildete sich eine Handballmannschaft, die sich dann selbständig machte. Das heißt, sich dem größeren Sportverein in Rudersberg, dem zentralen Ort, anschloss. Diese Mannschaft war eine verschworene Truppe. Wie viele schöne Stunden ich unter gleichaltrigen Kameraden erleben durfte, kann ich hier fast nicht beschreiben.

Nach dem Training am Freitagabend war Spielerbesprechung. Es gab theoretischen Unterricht. Um die Kameradschaft zu steigern, lernten wir Lieder. Dieses Singen hat aus der zusammengewürfelten Mannschaft eine Einheit geformt. Vor allem, wenn ein Spiel verloren war und anschließend der Durst mit Bier gestillt wurde, dann rief irgend einer: „Auf, mir senget ois, Willy fang a." Ich konnte den Ton recht gut finden und sang immer gerne die zweite Stimme dazu. In uns jungen Burschen lebten von der Hitlerjugend her noch sehr viele Soldatenlieder weiter, so dass an Liedern kein Mangel war. Auch gab es einige, die Witze am laufenden Band erzählen konnten, und wieder andere sangen den Text eines Lumpenliedes vor und die ganze Mannschaft den Kehrreim dazu. Je höher der Alkoholspiegel, desto lustiger ging es zu.

Einmal ergab es sich, dass am Sonntagabend eine Nachfeier in dem Nebenzimmer des Stammlokals war. Ich musste eine Runde bezahlen, die Bedienung brachte mehrere Flaschen auf jeden Tisch. Man schenkte ein, wollte das Glas erheben, als plötzlich einer rief: „Mensch, in dieser Flasche ist Schnaps darin, da hat der Wirt bestimmt die Flaschen verwechselt." Darauf hin machte diese Flasche die Runde und ging von Mund zu Mund. Immer, wenn die Bedienung kam, wurde diese Flasche schnell weggestellt. Durch den Genuss von Schnaps und Wein stieg natürlich die Stimmung sehr schnell und erreichte ihren Höhepunkt mit Liedern und Witzen, dass es eine Freude war.

Monatelang sprach man über diese Schnapsflasche, die wir heimlich ausgetrunken hatten, verbunden mit einer Schadenfreude gegenüber dem Wirt. Die ganze Mannschaft glaubte fest, dass es ein Versehen war. Sehr viele Jahre später sprach jemand mit dem Wirt über diese Schnapsflasche. Dabei stellte sich heraus, dass der Wirt uns diese spendiert hatte. Wir alle hatten geglaubt, dem Wirt wäre ein Missgeschick passiert. Die ganze Mannschaft hatte es als ein Geheimnis gehütet.

Das Interesse am Handball in Rudersberg war damals so groß, dass wir eine erste und eine zweite Mannschaft aufstellen konnten. Unser Stammlokal war das Nebenzimmer in der „Krone" beim Haller's Paul. Dort gab es auch für uns Lehrlinge ein erschwingliches Vesper. Das war eine Scheibe Schwartenmagen mit Senf und Brot, dazu eine Cola. Das kostete genau eine Mark. Wenn sonst nichts los war, saßen wir auch am Wochenende in dieser Wirtschaft und spielten Karten, Gaigel oder Binokel. Dabei ging es immer um Geld, aber nicht als Glücksspiel, sondern wir legten den Faktor so, dass wir damit bezahlten konnten, was wir getrunken hatten. Meistens eine Flasche Löwensteiner Weißwein. Dadurch hatte das Spiel einen größeren Reiz.

Selten haben wir ein Handballspiel gewonnen, so dass das Verlieren nichts Besonderes war. Aus diesem Grund war auch die Stimmung nie im Keller. Sehr oft stimmte einer beim Umziehen danach an:

Wenn grün und weiß nach auswärts zieh´n, auswärts zieh´n
da gibt's ein lustig Handballspielen,
rote Rosen blühen, am Wege steh´n ja steh´n,
wenn grün und weiß nach auswärts zieh´n.

Der Torwart schreitet stolz voran, stolz voran
er schaut auf seine kühne Mannschaft,
die nie ja nie verlieren kann, verlieren kann
und kriegen wir ne Packung mit nach Haus,
ihr kriegt sie wieder verlasst euch drauf."

Die Mannschaft in ihrer stärksten Besetzung

Heute, im Rentenalter, will ich noch sagen, dass diese Handballzeit, die so feuchtfröhlich über Jahre hinweg ging, von meinem sechzehnten bis zweiundzwanzigsten Lebensjahr, eine tolle Jugendzeit war. So viel Freude, Lachen, so viel Spaß, so viel ungezwungenes Leben mit viel Gesang, das gab es nicht gleich wieder, denn unser Trainer Walter Würth, der Gründer und Inhaber einer Druckerei, hatte uns Lieder beigebracht, um uns als Mannschaft zusammen zu schmieden und das war ihm auch gelungen. Auch Gerhard Palmer, sein Verwandter und Mitinhaber, spielte mit in unserer Mannschaft. Diese Lieder konnten wir singen nach dem ersten Bier, nach der ersten „Liesl." Das war ein Drei-Liter-Bierglas, das immer reihum ging. Einen Grund zum Trinken fand man immer, sei es aus Freude, einer Wette, wegen eines Geburtstags oder eines Spiels, das verloren oder gewonnen worden war.

Wenn die Stimmung am höchsten war, rief manchmal einer: „Auf gehts, wir machen den **Stuhlmarsch**." Flugs nahm jeder seinen Stuhl, setzte sich umgekehrt darauf. Die Lehne am Bauch, diese mit beiden Händen festhaltend, fing man an, sich damit vorwärts zu bewegen. Immer nur einen Schritt, danach setze man sich wieder hin. Es war dann eine Polonaise im Gleichschritt. - - - Rums, - - - Rums, - - - Rums. - - - . Ein Riesenspektakel, der Saal dröhnte, der Boden zitterte von diesem Aufsetzen der Stühle im Gleichschritt.

Das **„Liesltrinken"** hatte einen ganz bestimmten Rhythmus. Wer nicht aufpasste, musste schon die nächste „Liesl" bezahlen. Das ging so: Bevor man das Glas in die Hand nahm, musste man es mit den Fingerspitzen anklopfen. Danach durfte man es nur mit einer Hand übernehmen, musste so daraus trinken und es dann dem Nachbarn weiterreichen. Der klopfte wieder zuerst ab, nahm das Glas in die Hand, und selber musste man es nochmals abklopfen, immer mit der Hand, mit der man das Glas entgegen genommen hatte. Wer einen Teil der Zeremonie vergaß, musste die nächste Liesl bezahlen. Da passten wir auf, wie die „Spechtelesmacher." (Spechtele, was ist das? Diese braucht man, wenn man ein Feuer machen will. Man schält von einem Stück Holz ganze dünne Scheiben ab; dabei kann man sich in die Finger schneiden, also musste man sehr aufpassen.)

Auch mit dem **„Stiefel"** haben wir manchmal getrunken. Es ist ein Glas, das aussieht wie ein Stiefel, circa dreißig Zentimeter hoch. Dieser Stiefel erforderte eine besondere Technik, weil man sonst sich selbst das Bier übers Hemd schüttete. Heute sind diese Gläser verboten, weil man glaubt, dass dadurch Krankheiten übertragen werden. Wir waren eine Familie, wir tranken alle aus einem Glas und keiner ist deswegen krank geworden. Manchmal haben wir auch einen Peitschenstecken gemeinsam gegessen. Das heißt, jeder biss einmal davon ab und gab ihn dann dem nächsten weiter. (Peitschenstecken sind Landjäger, gerauchte, harte Würste.) Auch deswegen sind wir nie krank geworden, aber wir hatten einen Riesenspaß dabei.

Eine andere Begebenheit. Wir hatten mal wieder einen über den Durst getrunken und wollten nach Mitternacht, nachdem die

Dorfbeleuchtung schon ausgeschaltet war, nach Hause gehen. Aus überschäumender Lebenslust hatte ich meine Jacke umgedreht angezogen, also das Innere nach außen. Wir gingen singend über die zentrale Kreuzung und wollten der Freundin meines Handballfreundes noch ein Ständchen singen. Das taten wir auch. Vor dem Haus lag gespaltetes Holz zum Trocknen. Ich stolperte, fiel hin, rappelte mich wieder hoch und wir gingen dann nach Hause. Am anderen Tag merkte ich, dass ich meine Brieftasche verloren hatte. Wieder einen Tag später kam eine Aufforderung der Polizei, ich soll mich auf der Wache melden. Auch mein Freund erhielt diese Einladung. Nun also meldeten wir uns. Dort wurde uns gesagt, es wäre eine Anzeige wegen Nachtruhestörung eingegangen und zugleich meine Brieftasche abgegeben worden. Der Polizist machte ein Protokoll und schrieb: „Wir haben einige Schreie hinausgetan, aber Nachtruhestörung wollten wir keine machen." Dass wir der Liebsten meines Freundes ein Ständchen bringen wollten, haben wir nicht gesagt. Ich erhielt meine Brieftasche wieder zurück und wir beide bekamen eine Geldstrafe wegen Nachtruhestörung.

Die größten Erfolge beim Handball spielen waren: Wir gewannen ein Turnier in Bargau und einmal gewannen wir als Tabellenletzter gegen den Tabellenersten Welzheim, in Welzheim. Drei zu fünf. Ein Tor schoss auch ich, es war das erste Tor für mich in der ersten Mannschaft. Ab da war ich immer mit am Tore schießen, wenn wir überhaupt Tore schossen. Ich wurde immer als halblinker oder als halbrechter Stürmer aufgestellt. Weil ich sehr auf meine Kondition achtete, weil ich immer etwas mehr trainierte als die anderen, war ich in guter Form. Als Halbstürmer soll man hinten helfen verteidigen und vorne mit Tore schießen. Meine Kondition reichte damals, auf dem Feld-Sportplatz, dieses Tempo eine Stunde lang durchzuhalten. Einmal meinte während eines Spiels unser Trainer und Mittelstürmer: „Mensch, ich möchte bloß deine Kuttel haben." Kuttel ist die Lunge, damit meinte er den Atem.

Damals fühlte ich mich unterfordert, trug mich deshalb mit dem Gedanken zu einer anderen Mannschaft zu gehen, die

Klassen höher spielte. Ich eckte immer wieder beim Spiel mit meinen Kameraden an, wenn sie unaufmerksam waren und in der zweiten Hälfte keine Kondition mehr hatten. Mein Ehrgeiz sagte mir: „Du kannst mehr, du musst etwas anderes anfangen." Aber was? Zum Handball spielen müsste ich nach Göppingen oder Ossweil, aber zu beiden Städten waren es vierzig Kilometer. Wenn ich dort richtig dabei sein wollte, müsste ich dort wohnen. Alles nicht so einfach.

Der gute Stern.
Nachdem ich drei Monate lang an unseren Äpfelbäumen herumgesägt hatte, also drei Monate arbeitslos war, bekam ich am ersten April 1951 bei Daimler-Benz einen Arbeitsplatz in der Versuchs-Motorenwerkstatt als Motorenschlosser. Das war ein Unterschied bei der Arbeit, wie vom Dorfschmied zum Uhrenmacher. Ich wurde ein Jahr lang, wie ein Lehrling, zu einem anderen Monteur gestellt. Man sagte mir gleich am ersten Tag, rechts vom Schraubstock liegen Feile und Hammer, links liegen die Messwerkzeuge. Man lehrte mich, warum man sauber und genau arbeiten muss, wie ein Motor vorbereitet, wie er aufgebaut wird, wie und was man messen, über was Buch geführt werden muss. Alle sich drehenden und bewegenden Teile wurden vor der Montage von der Kontrollabteilung genau vermessen, alles auf den hundertstel, tausendstel Millimeter genau. Ich lernte, wie man die Steuerzeiten der Nockenwelle einstellt, verstellt. Dies tat man mit versetzten Keilen, da musste gerechnet werden. Am Keil ein zehntel Milimeter ergab vier Grad Steuerzeit an der Nockenwelle. Die Zündung. Das Axialspiel der Wellen. Jeder Motor hatte sein Akte, in dem sein ganzes Leben verfolgt werden konnte.

Vor der Montage eines Motors stellte man alle Teile, Aggregate mit den Befestigungsschrauben zusammen, jede Schraube mit der dazugehörenden Unterlagscheibe oder Mutter. Alles sauber, logisch aufgereiht in einem fahrbaren Regal, so dass bei der Montage kein Teil mehr gesucht werden musste. Dann wurde der Montagewagen, ein Gestell, in dem der Motor zur Montage rund um geschwenkt werden konnte, in einen staubfreien Raum geschoben. Dieser Raum wurde jeden Tag von Putzfrauen gereinigt.

Einmal meinte mein Obergesell, ich könnte mich ruhig öfters unter der Dusche reinigen. Ich würde immer ganz schön nach Schweiß riechen. Es gab im Werk Umkleideräume mit Duschen für die Arbeiter. Diese machte ich ausfindig und duschte mich immer so, dass diese Beanstandung nicht mehr kam.

Alles muß man lernen, wurde doch zu Hause, mit dem landwirtschaftlichen Betrieb, dem Kuhstall im Hause, das alles nicht so ernst genommen. Da gab es immer Düfte. Reine Gewohnheit. Aber ich war ja gelehrig, tat alles, was man mir sagte.

Es war aber auch so, dass ich fast jeden Sonntag Handball spielte und morgens vom Bahnhof in Untertürkheim im Laufschritt einen Kilometer bis zu meinem Arbeitsplatz rannte, weil sonst jeden Tag meine Stempelkarte rot gestempelt worden wäre. Das hieß dann, zu spät gekommen. Dieser Dauerlauf, jeden Morgen, war ein gutes Training für mich. Bevor ich an den Arbeitsplatz kam, war ich schon am Schwitzen. Dabei fuhren wir morgens mit dem ersten Zug um fünf Uhr zwanzig zu Hause ab. Weil durch den Sport die Abende oft sehr lange und spät waren, blieb morgens nur noch Zeit für einen Schluck Milch und ein Stück Brot, das Ganze natürlich im Stehen. Wenn der Zug Richtung Bahnhof rasselte, reichte es von der Haustüre im Laufschritt gerade noch in den Zug hinein.

1952 Beginn meiner Motorradzeit.

In diese glückselige Handballzeit, in diesen Nachkriegsjahren von 1949 bis 1952, das schöne Arbeiten beim Daimler, schlich sich dann der Wunsch nach Motorisierung ein. Die Deutschen schafften wieder wie die Weltmeister. Überall wuchsen die Fabriken nur so aus dem Boden, fast jeder hatte Arbeit. Nach der Währungsreform, bei der jeder mit vierzig DM anfing, kam auch langsam wieder Geld, gutes Geld, mit dem man etwas kaufen konnte, in die Hände der Menschen.

Den Deutschen hatte man in Russland nachgesagt, dass, wenn man ihnen eine Blechdose geben würde, sie daraus eine Kanone machen würden. Dieser Erfinder- oder Einfallsreichtum machte sich in diesen mageren Jahren sehr positiv bemerkbar. Die Groß-industrie rollte wieder an, der Maschinenbau, die Stahlkonzerne, die Autoindustrie. Hatten doch die westlichen Siegermächte sehr viel Interesse, dass wir Deutschen eine Pufferzone bilden mussten gegenüber dem Weltmachtdenken der Russen. Die Alliierten steckten mit dem Marshallplan Kapital in die deutsche Industrie. Aus diesem Grund wuchsen auch die Motorrad-fabriken als sekundäre Industrie wie die Pilze aus dem Boden. Da gab es BMW, NSU, DKW, Ilo, Herkules, Adler, Imme, UT, Horex, Triumpf, Zündapp, Viktoria usw. Die vom Krieg heimkehrenden Soldaten kannten Motorräder als Kradmelder und ich glaube, viele Soldaten beneideten diese, weil diese Fahrer nicht laufen mußten. Aus diesem Grund war in jedem der Wunsch, möglichst bald so einen fahrbaren Untersatz zu er-werben, öffnete er doch die Möglichkeit von unbegrenzter persönlicher Freiheit.

Auch in mir erwachte bald der Wunsch, ein Motorrad zu besitzen. Es gab damals schon die Zeitung „Das Motorrad." Darin fand ich einmal ein Poster von einer 250-ccm-Vierzylinder, wassergekühlten italienischen Bennelli. Dieses Poster nagelte ich mir über meinem Bett an die Wand. Das war mein Traum. Aber es war und blieb ja nur ein Traum. Denn erstens war ich Lehrling mit vierzig DM monatlicher Lehrlingsbeihilfe, davon ging die Hälfte zu Hause an meine Mutter. Zweitens hatte ich nach der Lehre mehrere Monate keine Arbeit, bis ich beim Daimler in der Motorenversuchswerkstatt eine feste und für damalige Verhält-nisse sehr gut bezahlte Arbeit gefunden hatte.

Mit DM 1,20 (0,60 €) in der Stunde fing ich an. Arbeitszeit pro Woche achtundvierzig Stunden. Etwas später wurde diese stufenweise reduziert.

Von meinem Verdienst legte ich jeden Monat 50,– DM auf die Seite. Man bekam den Zahltag damals in einer Tüte auf Heller und Pfennig ausbezahlt. Ein Giro-Konto für jede Person gab es damals noch nicht. Ich sparte so lange, bis der Stapel so hoch war, dass ich eine DKW RT 125 für DM 1100,– kaufen konnte.

Rudersberg, Dr. Hockertz Straße

*1952 – Festzug des MSC beim Gemeindefest,
das zu Gunsten der Gemeindehalle, die gebaut werden sollte,
stattgefunden hat.*

Rudersberg, Marktplatz

Die DKW-Gruppe
vor dem Gasthaus Lamm, Kaufhaus Weller, heute Kreissparkasse.

Äbbes Schwäbischs

Droba uffem Bergele schdoht a Wirtshaus
guckt a Frau raus dui hoißt Gret
se hot en Rollakopf, s´ isch a Hudlsack
hot a Schlabbergosch, ond a Nas wia Trompet.

Die Zeit

Die Zeit ist unstet, eilt dahin,
verrinnt im Flug, oft ohne Sinn,
ist schön zumeist . . .
Doch bringt auch Schmerz,
erfüllt das Leben und das Herz.
Vom Kind zum Greise ist nicht weit,
drum leb` bewusst und nutz` die Zeit
und merke stets, mit jedem Jahr,
da läuft sie etwas schneller gar.
                    Oskar Stock

Weisheit von meinem 5-jährigen Enkel:
    „Opa – wenn dein Kopf mein Kopf
    und mein Kopf dein Kopf wäre,
    dann wäre ich so dumm wie du
    und du so gescheit wie ich. "
So isch´s no au wiedr!

Erinnerungen sind das Paradies
aus dem wir nicht vertrieben werden können.
                    Jan Paul

Willy Oesterle

Schlusswort

Liebe Leserin, lieber Leser, ich bin in Oberndorf geboren, habe versucht, das einfache harte Leben meiner Eltern und wie ich aufgewachsen bin, realistisch zu erzählen.

Das offizielle Leben der Oberndorfer, wie auch das aller anderen Ortschaften östlich von Rudersberg, war schon immer eng an den zentralen Ort Rudersberg gebunden, obwohl bis Ende der fünfziger Jahre noch fast ein Kilometer freie Landschaft mit Streuobstwiesen dazwischen war. Mit Rathaus, Kirche, Friedhof und verschiedenen Geschäften war Rudersberg die Zentrale. Nur der Turnverein und der Gesangverein waren in Oberndorf, auch früher schon, selbständige Organisationen.

Der Ort war viel kleiner als heute, trotzdem gab es drei Gaststätten, zwei Bäckereien, je einen Metzger, Gemischtwarenladen, Sattler, Wagner, Schmied, Küfer, Schreiner, Mechaniker und einen Zigarrenhersteller. Die tägliche Grundversorgung der Menschen und der bäuerlichen Betriebe war durch diese kleinen Geschäfte und Handwerker gesichert.

Wer von Zumhof oder Mannenberg mit dem Zug fahren wollte, wer zur Arbeit fahren mußte, der ging jeden Tag zu Fuß auf den Bahnhof nach Oberndorf. Es war halt alles anders als heute und das wollte ich erzählen, festhalten.

WOe

Hinweise:

Weitere interessante Broschüren
von Willy Oesterle

1.
Welschkornbrei & Quittenschnitz
Ein Moto-Cross Pionier erzählt
unglaubliche Geschichten
ISBN: 3833429127
www.vergangenheit.de

2.
OEPO-Moto-Cross-Maschinen
ISBN: 9783839115947

3.
Willy's Gedichte

Zu bestellen bei
Willy Oesterle, Bühlgärten 21, 73635 Rudersberg
Telefon: 07183 6595